Estudio Bíblico Oasis

El Proceso de Sanidad de Una Mujer

Sanando el Abuso Doméstico

Libro Uno

Restaurando la Esperanza y Dignidad

Diane Schnickels

Autora y Fundadora de Living Waters of Hope

Traducido por Selina Viesca

Publicado por Living Waters of Hope

P.O. Box 153

Wilsonville, Oregon 97070 U.S.A.

ISBN 978-17356832-56

Biblioteca del Congreso

A menos que se indique lo contrario, todas las citas bíblicas han sido tomadas de la Nueva Versión Internacional.

Se otorgó permiso para contar detalles personales de cada una de las historias mencionadas antes de imprimir este libro. Los nombres han sido modificados por motivos de privacidad.

Diseño de Portada por Shelley Reitz

Encuentra Esperanza.
Ayuda a más Mujeres. Únete a nuestro Equipo.

Living Waters of Hope es un recurso educativo sin fines de lucro, basado en la fe cristiana, disponible para mujeres que buscan ayuda y para cristianos que desean prepararse para saber actuar ante una crisis de abuso doméstico.

Visita LivingWatersofHope.org

- ✓ Únete a los grupos de apoyo en línea del Estudio *Bíblico Oasis*. Regístrate en nuestra página web.

- ✓ Suscríbete a nuestro boletín educativo y síguenos en Facebook.

- ✓ Puedes hacer un donativo a la organización por mail o en nuestra página.

- ✓ Puedes ser voluntaria y hacer una diferencia en la vida de mujeres y niños.

- ✓ Si estás interesada en dirigir una clase, puedes hacer tu solicitud en línea para entrenarte como facilitadora.

- ✓ Busca el libro *Estudio Bíblico Oasis – Libro 2 – Encontrando la Verdad y tu Fortaleza*.

- ✓ Busca el libro *Estudio Bíblico Oasis – Libro 3 – Abrazando tu Crecimiento y Resiliencia (La capacidad de recuperarse)*.

- ✓ *Estudio Bíblico Oasis* – Puedes comprar los tres libros en nuestra página web, a través de un enlace de Amazon o directamente en Amazon.

- ✓ Puedes escribir una reseña en Amazon para traer esperanza a más mujeres.

- ✓ Compra y comparte estos libros para ser testigo de la sanidad que Dios trae a los corazones heridos a través de Living Waters of Hope.

Dedicatoria

Esta edición especial del

Estudio Bíblico Oasis

está dedicada con amor

a todas las mujeres valientes de habla Hispana

en Estados Unidos y alrededor del mundo,

y a nuestro Padre amoroso

quien sana a los quebrantados de corazón

y venda sus heridas.

¡Alabado sea nuestro Dios Misericordioso!

"Lo que ha hecho Living Waters of Hope a través del Estudio Bíblico Oasis es un trabajo de gran impacto y bendición para aquellas mujeres que viven violencia doméstica. ¡Que Dios bendiga abundantemente este ministerio, y sea extendido a cada mujer alrededor del mundo!" — **Joan Jones, anterior directora ejecutiva de Clackamas Love in the Name of Christ**

"Al estudiar la verdad de Dios acerca de quién soy, así como el diseño de las relaciones saludables y la ayuda que recibí en mi grupo de mujeres, pude convertirme en una mujer informada, empoderada y equipada para enfrentar mi situación y hacer los cambios necesarios en mi vida." — **Carly, facilitadora y miembro del *Estudio Bíblico Oasis***

"Hemos recomendado a varias mujeres asistir a estos grupos y podemos ver la libertad y esperanza que reciben día tras día. Recomiendo ampliamente este ministerio como un recurso para todas las mujeres que han experimentado algún tipo de abuso en sus hogares, especialmente aquellas que aún no han logrado sentirse libres y seguras." — **Pastor Steve Blayer, Hillside Christian Fellowship, Millersburg, Pennsylvania**

"Diane ha logrado crear un espacio seguro y de total discreción donde mujeres vulneradas pueden acudir y recibir la ayuda, aliento y dirección que tanto necesitan." — **Pastor Tim Barton, Canby Alliance Church, Canby, Oregon**

"Que Dios bendiga tu vida y tu ministerio de sanidad. Tú fuiste un regalo fundamental en mi vida. Dios me libró del pozo de la desesperación y ahora estoy en tierra firme por Su infinita gracia." — **Lori, miembro del *Estudio Bíblico Oasis***

"El Estudio Bíblico Oasis me ayudó a reflexionar y hacer una introspección de mi alma en vez de seguir lamentándome y escondiendo mis sentimientos debajo de la alfombra. Pude realmente sanar desde mi interior.". — **Julie, miembro del *Estudio Bíblico Oasis***

"Dios ha sido fiel y ha sanado todo lo que le he entregado. Frecuentemente veo en qué área puedo trabajar y seguir aprendiendo en amor junto con mi grupo de mujeres Oasis, que siempre se preocupan por mí." — **Mariah, miembro del *Estudio Bíblico Oasis***

No tengo palabras. Agradezco la ayuda que Oasis brinda porque es infinita. El manual de trabajo es de gran ayuda y me ha revelado cosas que antes eran dolorosas y me costaba aceptar. Ahora sé que Dios puede realmente sanarme. La esperanza ha vuelto; oro para que mi corazón esté protegido." — **Candice, miembro del *Estudio Bíblico Oasis***

Prefacio

Una joven mujer cercana a mí fue engañada por un hombre sumamente abusivo. La cautivó con su trato amable hacia su pequeño hijo antes de mostrar su comportamiento abusivo y controlador. Ella dudaba en decirme lo que estaba pasando y temía por su vida si decidía dejarlo. En el 2009, en medio de mi preocupación por ésta y otras mujeres cercanas a mí, viviendo la misma situación, fue como me adentré a este mundo oscuro del abuso doméstico sin saber a dónde me llevaría.

Es impactante descubrir que una de cada cuatro mujeres creyentes en los Estados Unidos, está siendo afectada de manera negativa por esta dinámica tan destructiva y silenciosa. También es sorprendente la falta de estudios sobre recuperación basados en la fe, así como los escasos grupos de apoyo. Debido a la falta de capacitación en muchos de los seminarios, escuelas bíblicas y comunidades de fe, el consejo que muchas veces los líderes brindan en las iglesias, es hiriente y causa una mayor victimización. Consejos como: "quédate, ora y sométete", a mujeres cuyos esposos son abusivos, hacen que dichas mujeres se sientan ignoradas, solas y que caigan aún más en la desesperación. Las mujeres Hispanas también enfrentan problemas similares en los Estados Unidos y otros países. En muchos países de Latinoamérica, todavía existe la cultura del machismo, lo cual hace que este tipo de abuso, de cierta forma, se tolere o sea aceptado. Día tras día, son muchas las mujeres que viven violencia física y verbal y muchas veces las autoridades no le dan la importancia suficiente. Las estadísticas son altas y los recursos y ayuda en español es casi nula.

Estos hechos reflejan tres problemas clave que necesitan soluciones viables: 1) Nuestras hermanas en la fe están siendo maltratadas por sus esposos; 2) Muchas iglesias no están equipadas para guiar a estas víctimas de una forma saludable; y 3) Hay muy pocos recursos basados en la fe para mujeres que viven violencia doméstica. La falta de apoyo en las iglesias hace evidente la urgencia que existe por tener este tipo de recursos.

El *Estudio Bíblico Oasis* ofrece a las mujeres un camino hacia la plenitud espiritual y emocional a través de la Palabra de Dios y la verdad acerca del abuso. Si tú deseas encontrar sanidad, este estudio te ayudará a entender los diferentes tipos de abuso y cómo esto te ha afectado. También serás equipada para recuperar tu voz, saber responder y establecer límites sanos que honren a Dios, a ti misma y a los demás. Cada lección del Estudio Bíblico Oasis incluye preguntas que te permitirán procesar tus pensamientos y emociones. Los Recursos del Proceso de Sanidad concluyen cada lección con afirmaciones clave e información relevante. El deseo de mi corazón es que puedas recuperar tu esperanza, tu dignidad y que tu autoestima sea fortalecida.

Living Waters of Hope es un recurso basado en la fe y sin fines de lucro diseñado para equipar a líderes de iglesias y ayudar a que las mujeres tengan un lugar donde se sientan apoyadas y en total confidencialidad. Si tú eres una víctima o sobreviviente que desea sanar las heridas del abuso y la traición, ya sea de manera independiente o como parte de un grupo seguro y en confianza, entonces este libro es para ti.

Si tienes un anhelo genuino de ayudar a estas mujeres de manera efectiva, tal vez Dios te esté llamando a facilitar un *Estudio Bíblico Oasis*. Si deseas liderar un grupo pequeño en tu ciudad, o bien, una clase en línea, guiada por Living Waters of Hope, el entrenamiento está disponible para ti. Este libro también es un recurso vital para las librerías de las iglesias y organizaciones que trabajan con iglesias.

> Todo es tan claro ahora. Estaba en un pozo muy profundo, pero Dios usó este grupo de estudio bíblico para fortalecerme, animarme y mostrarme la verdad. — Andrea

Si tú, o alguien que tú conozcas desean estudiar este libro como parte de un grupo, puedes registrarte en línea en: www.livingwatersofhope.org. En la página web podrás ver nuestros recursos y servicios para sobrevivientes, así como aquellas personas que desean convertirse en un apoyo efectivo. También te animo a que invites a alguna mujer que tenga talentos y pueda estar interesada en convertirse en facilitadora de un grupo de

Estudio Bíblico Oasis, a que se registre en nuestra página. Dios está llamando a la gente a responder ante esta crisis de abuso doméstico en oración y acción.

Muchas gracias por tu apoyo y oraciones para traer luz al mundo de tinieblas del abuso doméstico.

Diane Schnickels

Diane Schnickels
Fundadora de Living Waters of Hope

Otros libros de Diane que puedes encontrar en Amazon:

Estudio Bíblico Oasis – Libro Dos – Encontrando la Verdad y tu Fortaleza

Estudio Bíblico Oasis – Libro Tres – Abrazando tu Crecimiento y Resiliencia (La capacidad de recuperarse)

Amazon.com – busca Schnickels y lee las descripciones

Agradecimientos

Le doy gracias a Dios por todas sus bendiciones. Quiero darle las gracias a mi esposo de cuarenta y dos años, Ray, quien pacientemente me ha apoyado durante los últimos diez años a lo largo de interminables horas escribiendo y enseñando este material. Nuestros hijos David, Lauren y Kristy han contribuido en gran manera durante estos años por lo cual estoy sumamente agradecida. ¡Los amo con todo mi corazón!

Quiero reconocer a Rinda LeSage como una amiga encantadora, periodista y fiel editora. Tomaste todas mis páginas de manuscritos y las convertiste en algo maravilloso y creativo con el anhelo de bendecir a todas las mujeres que usen este estudio bíblico. Sin tu ayuda, esta edición especial del *Estudio Bíblico Oasis*, que busca restaurar la esperanza y dignidad de nuestras hermanas Hispanas, no hubiera sido posible. Agradezco mucho a Shelley Reitz por su increíble creatividad al realizar los gráficos y a Emily Mellander por su invaluable ayuda administrativa.

Gracias a Selina Viesca por su disposición y dedicación para traducir este *Estudio Bíblico Oasis – Libro Uno* al español. ¡Eres una respuesta a nuestra oración en muchas maneras! Adoro tu corazón para alcanzar a las mujeres Hispanas en los Estados Unidos y alrededor del mundo, especialmente en América Latina. Agradezco también a Milca y Noemi por su ayuda invaluable en la traducción y revisión de este libro. Este proyecto no estaría completo sin su valiosa cooperación.

A nuestras hermanas Oasis quienes han compartido su dolor y sus victorias a lo largo de nuestro tiempo juntas. ¡He aprendido mucho de cada una de ustedes! Sus voces adornan estas páginas para que otras mujeres puedan aprender de sus luchas. Con Dios a su lado, veo su valentía y fortaleza a pesar de sus luchas y continua restauración. Me inspiran como verdaderas heroínas. Ha sido un honor y un privilegio servirlas.

Con todo mi corazón agradezco y alabo al Señor, quien pacientemente esperó a que yo siguiera su llamado persistente para escribir el Estudio Bíblico Oasis hace diez años. Es la verdad de Dios la que restaura la esperanza y dignidad. Es el amor de Dios el que reconstruye la identidad y el valor. Es la gracia de Dios la que reemplaza las tinieblas del abuso doméstico, con su luz. — Diane

¡Voy a hacer algo nuevo!
Ya está sucediendo,

¿No se dan cuenta?

Estoy abriendo un camino
en el desierto y
ríos en lugares desolados.

Isaías 49:13

Contenido

...en
EL ESPERARÉ.

Lamentaciones 3:24

Lección 1 – Esperanza para el Presente

Objetivo: Recibir esperanza espiritual a través de la Escritura y de conocer el carácter de Dios.

Versículo clave: *"Pero algo más me viene a la memoria, lo cual me llena de esperanza: Por el gran amor del Señor no hemos sido consumidos y su compasión jamás se agota. Cada mañana se renuevan sus bondades; ¡muy grande es su fidelidad! Me digo a mí mismo: 'El Señor es mi herencia. ¡En Él esperaré!'."* **Lamentaciones 3:21-24**

Hablemos de esto:

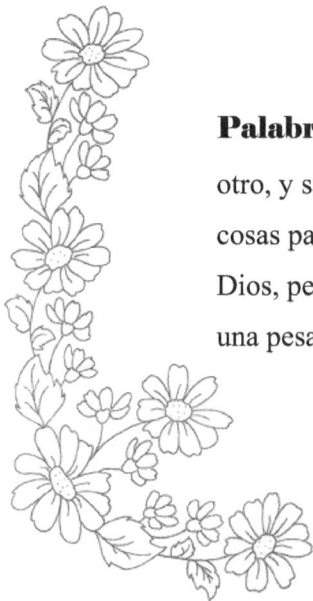

Palabras de una Hermana: "Necesito ánimo para poner un pie delante del otro, y saber que un día podré tener el sentimiento de que 'Dios dispone todas las cosas para el bien de quienes lo aman….' (Romanos 8:28). Creo en la Palabra de Dios, pero debo confiar que algún día… veré el bien… en lo que ahora parece ser una pesadilla." —Sarah

¿De qué manera te identificas con Sarah?

_____

_____

La Esperanza como un Comienzo

Cuando vives a la sombra del abuso doméstico pierdes completamente la esperanza, ¡pero eso no significa que éste es el final de tu historia! Así que, el mejor lugar para comenzar es conociendo el tipo de esperanza que Dios tiene para ti.

La esperanza se define como "una expectativa favorable y segura". ¿En qué podrías estar totalmente confiada y expectante? En el carácter de Dios, en sus promesas y su poder sanador en tu vida. **El Salmo 147:3** nos enseña que Jesús vino a restaurar tu corazón quebrantado y cubrir con vendas tus heridas. Así es como se ve la esperanza y lo que Él quiere hacer por ti por medio de su amor.

Cuando vives sin esperanza y en medio del miedo y la desesperación es como vivir en un desierto seco y desolado tratando de llegar al siguiente día. **Proverbios 13:12** nos enseña que *"la esperanza frustrada aflige al corazón."* En otras palabras, cuando pierdes la esperanza, esto afecta de manera negativa tus emociones. Ese mismo versículo termina diciendo de manera contrastante, "el deseo cumplido es un árbol de vida". Los árboles no pueden crecer y sobrevivir en un desierto seco, pero sí en un oasis donde el agua puede nutrirlos y permitirles crecer. La palabra de Dios no solamente es fuente de esperanza y vida, sino también tu fuente de alimento para crecer y sanar. Mientras vas acomodando nuevamente las piezas de tu vida, deseo que el Estudio Bíblico Oasis sea tu refugio seguro donde encuentres esperanza y aliento, ayuda y sanidad, verdad y apoyo.

¿De qué manera puedes aplicar Proverbios 13:12 a tu situación?

_____

_____

_____

Las Cuatro Fuentes de Esperanza

1. **Jesús:** *"A éstos Dios se propuso dar a conocer cuál es la gloriosa riqueza de este misterio entre las naciones, que es Cristo en ustedes, la **esperanza** de gloria."*
   Colosenses 1:26-27

La esperanza es el resultado de tu salvación a través de Jesucristo y la "esperanza de gloria" se refiere a la expectativa prometida de una eternidad con Él en el cielo. Para poder conectar estos dos eventos, debemos tener la certeza de que Él está obrando aun cuando no podemos *verlo* o *sentirlo*. Esta esperanza no muestra dudas o "posibles" sino que es inquebrantable; confiamos plenamente en quién es Él y el plan que tiene para nuestra vida.

2. Dios: *"Que el Dios de la esperanza los llene de toda alegría y paz a ustedes que creen en Él."*

Romanos 15:13a

Dios es la Fuente de esperanza y el dador de esperanza para los creyentes. Es esta esperanza la que te llenará de Su gozo y paz al creer en Él. Cuando un vaso está lleno, no hay lugar para ningún otro líquido. Cuando estamos llenos de la esperanza de Dios, no hay lugar para la duda o las mentiras de Satanás. Sin embargo, en nuestra naturaleza humana, luchamos. Toma aliento, porque Él está ahí para restaurar tu esperanza.

3. Espíritu Santo: *"... para que rebosen de esperanza por el poder el Espíritu Santo"*

Romanos 15:13b

Es "gracias al poder del Espíritu Santo" viviendo en ti, que puedes experimentar la esperanza de Dios. ¡Esta esperanza es derramada abundantemente sobre tu vida por medio de Su poder en ti! La palabra "rebosar" está en tiempo presente, por lo tanto, describe a los santos de Dios continuamente abundando en la esperanza dada por el Espíritu. J.B. Phillips parafrasea esta oración de Pablo de la siguiente manera, 'Que el Dios de esperanza los llene de gozo y paz en su fe, para que, por medio del poder del Espíritu Santo, su vida entera y su perspectiva sean radiantes y vivas.'" [1]

¿Cómo te han ayudado estos versículos acerca de la esperanza de Dios, el Espíritu Santo y Jesús?

_____

_____

_____

_____

_____

_____

4. Pruebas: La Palabra de Dios nos enseña que la esperanza puede llegar como resultado de tus "tribulaciones", o cuando te sientes presionada por las pruebas. Esta es una fuente poco probable de esperanza ¿cierto? En otras palabras, atravesar los sufrimientos y angustias que provienen del abuso, al final, tiene como resultado el crecimiento personal y la esperanza segura de que Dios te ayudará porque te ama.

Romanos 5:3-5: *"...y no solo en esto, sino también en nuestros sufrimientos, porque sabemos que el sufrimiento produce perseverancia; la perseverancia, entereza de carácter; la entereza de carácter, esperanza. Y esta esperanza no nos defrauda, porque Dios ha derramado su amor en nuestro corazón por el Espíritu Santo que nos ha dado."*

ESPERANZA
Te das cuenta que Dios ha estado a tu lado en todo momento

CARÁCTER PROBADO
Estás en una etapa de crecimiento

PERSEVERANCIA
No te das por vencida

TRIBULACIONES
Las pruebas difíciles que estás viviendo

¿Por qué esta fuente de esperanza es tan inesperada? ¿Te ha animado la Palabra en Romanos 5:3-5?

_____

_____

_____

_____

_____

Esperanza para el Presente – Un ejemplo bíblico

El profeta Jeremías describe su amargura, desesperanza, duelo y su estado de absoluta desesperación en **Lamentaciones 3:1-20**. Muchas de ustedes pudieran identificarse con esta desértica realidad en algún punto de sus vidas. Para quienes han sido afectadas por el abuso doméstico, esto es algo que suena muy familiar. Sin embargo, no es el final del capítulo o el final de tu historia. En **Lamentaciones 3:21-24**, Jeremías recordó algunas verdades importantes que restauraron su esperanza y le hicieron ver que las cosas podían mejorar. La compasión, fidelidad y gran amor de Dios. _"Pero algo más me viene a la memoria, lo cual me llena de esperanza: Por el gran amor del Señor no hemos sido consumidos y su compasión jamás se agota. Cada mañana se renuevan sus bondades; ¡muy grande es su fidelidad! Me digo a mí mismo: 'El Señor es mi herencia. En Él esperaré'"_

Menciona cuatro verdades acerca de Dios que Jeremías recordó para que su esperanza fuera restaurada.

_____

_____

_____

_____

Siete beneficios de la Esperanza

1. La **esperanza** te ayuda a perseverar en las pruebas. Romanos 8:24

2. La **esperanza** es una razón para tener gozo. Romanos 12:12

3. La **esperanza** te llena de gozo y paz cuando crees en Su Palabra. Romanos 15:13

4. La **esperanza** es algo a lo que debemos aferrarnos. Hebreos 6:18

5. La **esperanza** es el ancla de tu alma. Hebreos 6:19

6. La **esperanza** te permite entrar en la presencia de Dios. Hebreos 6:19

7. **La esperanza es el poder del Espíritu Santo obrando en ti.** Romanos 15:13
   Estos versículos se encuentran en **"Los Siete Beneficios de la Esperanza"**
   (Recurso #1B del Proceso de Sanidad).

¿Cuál de estas maravillosas verdades es la más significativa para ti y por qué?

_____

_____

_____

_____

_____

_____

_____

La Esperanza es un Regalo

Queridas y hermosas hermanas,

Dios es la principal fuente de nuestra verdadera esperanza, propósito y significado. Las promesas y verdades de las que hemos estado hablando son un regalo de Dios para aquellos que han decidido seguir los caminos y enseñanzas de Cristo. Si tú aún no has tomado esta decisión que cambiará tu vida, espero que este estudio bíblico abra tu corazón para que conozcas quién es Dios, y el perdón que Él gratuitamente ofrece a través del sacrificio de Jesús. Él quiere que conozcas su amor incondicional. Cuando estés lista para recibir este regalo puedes orar la Oración de Salvación, mientras lo buscas y conoces la esperanza que solo se encuentra en Jesús.

Con amor,

Diane y tus amigas en Living Waters of Hope

Oración de Salvación

Querido Padre,

Confieso que he pecado contra tu perfecta santidad. Creo que Jesús es Tu Hijo quien vino a la tierra, murió para pagar el precio de mis pecados y resucitó después de tres días. Ahora Él está en el cielo contigo. Gracias por perdonar mis pecados. Quiero dedicar mi vida a Ti y a seguir tus caminos de aquí en adelante. Te doy gracias por el regalo de la vida eterna contigo en el cielo. Te pido que me ayudes a vivir mi vida para Ti.

En el nombre de Jesús,

Amén

¿Cuál es una verdad que puede ayudarte esta semana en tu proceso de sanidad?

_____

_____

_____

_____

_____

_____

_____

_____

> ### Querido Jesús,
>
> *Hay veces que me cuesta tener gozo, paz y una conexión contigo. Tu Palabra me dice que Tú estás cerca de los quebrantados de corazón; esto significa que estás cerca de mí. Escojo confiar en Ti más allá de mis sentimientos. Gracias por rodearme con Tu gracia y amor incondicional cada día. Guíame Espíritu Santo, mientras persevero en medio de mis pruebas.*
>
> *Gracias por convertirme en la persona que Tú me has diseñado. Te reconozco confiadamente como mi fuente de esperanza y decido entregarte mi futuro.*
>
> **En tu nombre poderoso, ¡Amén!**

Un Paso Fuera del Desierto

AFÉRRATE a la ESPERANZA porque
Dios está obrando en tu vida

Living Waters of Hope

¿De qué manera encuentras aliento en estos versículos?

_____

_____

Miqueas 7:7-8 – *"Pero yo he puesto mi esperanza en el Señor; yo espero en el Dios de mi salvación. ¡Mi Dios me escuchará! Enemiga mía, no te alegres de mi mal. Aunque haya caído me levantaré. Aunque vivo en tinieblas el Señor es mi luz."*

Jeremías 29:11 – *"Porque yo conozco los planes que tengo para ustedes-afirma el Señor-, planes de bienestar y no de calamidad, a fin de darles un futuro y una esperanza."*

Hebreos 6:19 (NTV) – *"Esta esperanza es un ancla firme y confiable para el alma; nos conduce a través de la cortina al santuario interior de Dios."*

Afirmaciones Clave de la Lección 1

1. Dios te ama profundamente y Su corazón se quiebra ante la forma tan dañina como te han tratado.

2. La esperanza es una "expectativa favorable y segura."

3. Vivir con desesperanza, miedo y desesperación es como caminar en un desierto seco y desolado, preguntándote cómo puedes llegar al siguiente día.

4. La Palabra de Dios no solo es tu única fuente de esperanza y vida, también es la fuente que te nutre en tu proceso de crecimiento y sanidad.

5. La esperanza es el resultado de tu salvación a través de Jesucristo y la "esperanza de gloria" se refiere a la expectativa prometida de una eternidad con Él en el cielo.

6. Dios es la fuente de esperanza y el dador de esperanza para los creyentes.

7. Es gracias al "poder del Espíritu Santo" que vive en ti, que puedes experimentar la esperanza de Dios.

8. Pablo nos enseña que las "tribulaciones" o cuando nos sentimos presionados por las dificultades, eso nos lleva a tener esperanza.

9. Cuando caminas a través del sufrimiento y el estrés derivado del abuso, puedes llegar a tener una esperanza segura de que Dios te sacará adelante porque te ama.

10. En Lamentaciones 3:21-24, Jeremías recordó algunas verdades importantes que restauraron su esperanza y le hicieron ver que las cosas podían mejorar por medio de la compasión, fidelidad y gran amor de Dios.

11. La esperanza te ayuda a perseverar en las pruebas. Romanos 8:24

12. La esperanza es una razón para tener gozo. Romanos 12:12

13. La esperanza te llena de gozo y paz cuando crees en Su palabra. Romanos 15:13

14. La esperanza es algo a lo que debemos aferrarnos. Hebreos 6:18

15. La esperanza es el ancla de tu alma. Hebreos 6:19

16. La esperanza te permite entrar en la presencia de Dios. Hebreos 6:19

17. La esperanza es el poder del Espíritu Santo obrando en ti. Romanos 15:13

18. La esperanza es la expectativa segura de que Dios tiene un plan para ti y que está continuamente obrando a tu favor, aun cuando la vida se vuelve difícil y te cuesta trabajo ver más allá de tus lágrimas.

19. Dios es la mayor fuente de nuestra verdadera esperanza, propósito y significado.

Los Siete Beneficios de la Esperanza

– Versículos Bíblicos

Romanos 8:24, 25 – *"Porque en esa esperanza fuimos salvados. Pero esperar lo que ya se ve no es esperanza. ¿Quién espera lo que ya se ve? Pero si esperamos lo que todavía no vemos, en la espera mostramos nuestra constancia."*

Romanos 12:12 – *"Alégrense en la esperanza, muestren paciencia en el sufrimiento, perseveren en la oración."*

Romanos 15:13 – *"Que el Dios de la esperanza los llene de toda alegría y paz a ustedes que creen en Él, para que rebosen de esperanza por el poder del Espíritu Santo."*

Hebreos 6:18 – *"... lo hizo así para que, mediante la promesa y el juramento, que son dos realidades que nunca cambian y en las cuales es imposible que Dios mienta, tengamos un estímulo poderoso los que, buscando refugio, nos aferramos a la esperanza que está delante de nosotros."*

Hebreos 6:19 – *"Tenemos como firme y segura ancla del alma una esperanza que penetra hasta detrás de la cortina del santuario."*

Grupos de Estudio Bíblico Oasis

Living Waters of Hope facilita grupos de estudio de los cuales puedes formar parte al registrarte en nuestra página web, LivingWatersofHope.org. ¡Sería un honor tenerte ahí!

El formato de grupo es muy benéfico porque te permite tener una red de apoyo segura y confidencial, rodeada de mujeres que comparten la misma forma de pensar y se encuentran en el mismo proceso de sanidad. Descubrirás muchas ideas en cada lección, y también en cada mujer. Algunas de ellas han expresado que ya no se sienten tan solas en su proceso de sanidad. (Si tu sientes que Dios te está guiando a facilitar un grupo, por favor contáctanos a través de nuestra página web. Tenemos muchos recursos disponibles tales como notas para el facilitador, entrenamiento y videos tutoriales.)

Acuerdo de las Participantes del Grupo: *El siguiente acuerdo ha sido establecido para tu beneficio y tu seguridad, así como la de las demás participantes.*

1. Mantendré en total confidencialidad todo lo que se comparta y se ore en el grupo.
2. Me abstendré de dar consejo, recomendaciones y hacer preguntas durante la clase.
3. Respetaré a las demás mujeres al darles espacio para que compartan durante la clase.
4. Respetaré a las demás mujeres en la clase aun cuando tengan una creencia o forma de pensar diferente a la mía.
5. Me abstendré de hablar mal de mi (ex) esposo, (ex) novio o cualquier otra persona.
6. Entiendo que este es un grupo de apoyo basado en la fe y en la Palabra de Dios.
7. *Si voy a reunirme con un grupo en persona*, mantendré la ubicación en confidencialidad por seguridad de las demás participantes.
8. *Si voy a reunirme con un grupo en persona*, sugeriré a quien esté interesada que contacten a mi líder o a Living Waters of Hope para información de las clases.
9. *Si estoy en un grupo en línea*, usaré un dispositivo seguro y no rastreable, como un teléfono, computadora, iPad o tableta. Para asegurar la privacidad de todas, usaré audífonos si alguien más está en mi casa. Además, tendré mi cámara encendida en todo momento para sentirnos en confianza dentro de nuestra comunidad.
10. *Si estoy en un grupo en línea*, no compartiré el enlace para la reunión con nadie, más bien les diré que entren a Living Waters of Hope y se registren en línea.

Nombre _____ Fecha_____

... Dios no
es Dios
de confusión,
sino de paz.

1 Corintios 14:33 NBLA

Lección 2 – Aclarando la Confusión

Objetivo: Reconocer la dinámica engañosa del abuso.

Verso clave: *"Dios no es Dios de confusión, sino de paz."* **1 Corintios 14:33 (NBLA)**

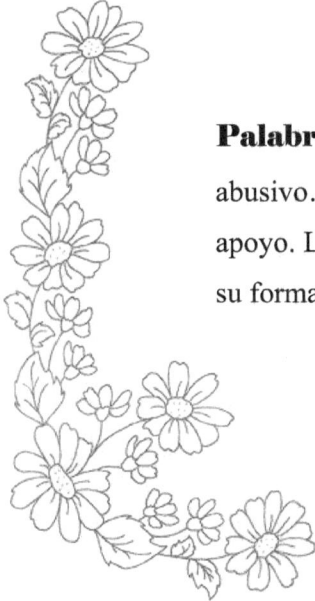

Hablemos de esto

Palabras de una hermana: "Yo estaba llena de confusión por mi esposo abusivo… vivía deprimida, sin esperanza, despojada de mi valor y sin ningún apoyo. Le tenía miedo a mi esposo y me sentía completamente indefensa ante él y su forma de controlar mi vida."— Carol

¿Te identificas con la historia de Carol? ¿En qué parte de tu vida te sientes confundida?

_____

_____

Confusión e Inseguridad

Si tu esposo quiere tener el control sobre ti, probablemente comenzará a sembrar confusión e inseguridad. Esta trampa es tan antigua como el engaño hacia Eva en el jardín del Edén cuando Satanás provocó que ella dudara de la verdad de Dios…el resto es historia. Con frecuencia te cuestionas a ti misma y en el fondo sabes que algo está mal, pero la confusión que él crea en ti nubla tu entendimiento de la situación. El versículo clave, **1 Corintios 14:33**, dice que "Dios no es un Dios de confusión, sino de paz". La confusión y la duda afectan de manera negativa la paz que Dios tiene para ti y desea para tu hogar. Con el tiempo, las mentiras comienzan a nublar tu entendimiento, así como la esencia de quién eres y para qué te diseñó Dios. Comienzas a comprometer tus convicciones y constantemente terminas sintiéndote confundida, indefensa, sola y abandonada. Si ya no estás con tu esposo, mientras lees este estudio, verás qué tan lejos has llegado y las victorias que has experimentado.

¿Qué verdades has comprometido a lo largo de este tiempo? ¿De cuáles verdades te has apropiado nuevamente?

_____

_____

_____

7 Motivos Clave para la Confusión

1. Quizá no estás segura de qué significa abuso doméstico.
2. Tal vez estás minimizando y negando que el abuso está ocurriendo.
3. Te cuesta trabajo reconocer los efectos y las tácticas de manipulación que él usa.
4. Quizá dudas de ti misma y te culpas por la forma como él te culpa y te avergüenza.
5. Tienes momentos tranquilos que disfrutas, pero luego llega otra vez la tormenta.
6. Te dice que te ama, pero luego te trata de manera irrespetuosa y sin mostrar amor.
7. Es difícil resolver conflictos por medio de una conversación normal y racional.

En esta lección y las que siguen, aprenderás cosas que te ayudarán a tener mayor claridad y seguridad en tu vida. A medida que la verdad de Dios se entreteje en estas lecciones, aprenderás que eres amada de una manera incondicional y que Dios realmente se preocupa por ti y estará fielmente a tu lado cada paso que des.

¿Cuál de estos siete motivos describe acertadamente dónde te encuentras hoy?

_____

_____

_____

La Dinámica y Definición del Abuso Doméstico

Definición del Abuso Doméstico: El Departamento de Justicia de los Estados Unidos define el abuso doméstico como "el patrón de comportamiento abusivo en cualquier relación donde una persona quiere tener o mantener el control sobre la otra persona. La violencia doméstica puede ser física, sexual, emocional, económica o puede tratarse de acciones psicológicas o amenazas que influencian a la otra persona. Estoy incluye cualquier comportamiento que intimide, manipule, humille, aísle, atemorice, obligue, amenace, culpe, lastime o hiera a alguien."[2] Oasis desea aclarar: la definición del abuso doméstico incluye patrones de comportamiento abusivos que tratan de *invalidar* al cónyuge.

Las palabras "patrón" y "poder y control" son las palabras clave que diferencian el abuso de los conflictos normales en un matrimonio. En un conflicto de matrimo normal, *ambos* esposos están involucrados y dispuestos a tomar responsabilidad de sus acciones, además trabajan en conjunto para resolver problemas y así vivir en armonía y respeto mutuo. Este modelo no funciona igual cuando hay abuso doméstico. Por lo general, un hombre abusivo no asume la responsabilidad de sus acciones, lo cual hace que la resolución de conflictos se vuelva imposible. No se trata de tener una casa más limpia, comida más sabrosa o niños más callados. Simplemente, se trata de poder y control. Aunque hay razones para ser abusivo, ¡nunca existe una excusa para serlo! Aquí hay cuatro hechos importantes para recordar:

1. El abuso no es tu culpa.
2. Tú no mereces ser tratada de esta manera.
3. El abuso no es normal en los conflictos matrimoniales
4. Por sí solo, el comportamiento abusivo se volverá progresivamente peor con el paso del tiempo.

¿Cuáles de estas cuatro verdades te cuesta aceptar y por qué?

_____

_____

_____

_____

_____

La Rueda del Poder y Control

Dos herramientas de aclaración que se usan para ayudar a entender los comportamientos de control son la **Rueda de Poder y Control** y **el Ciclo del Abuso**. La **Rueda del Poder y Control** describe los comportamientos mencionados en la definición de violencia doméstica con más detalle. Puedes repasar estos comportamientos de poder y control en el diagrama de la siguiente página.

Enumera algunas de las formas en que un abusador puede usar el poder y control sobre su cónyuge.

_____

_____

_____

_____

_____

_____

_____

Mira nuevamente la rueda de poder y control. Encierra en un círculo los comportamientos que has experimentado. ¿Qué es lo que más ocupa tu pensamiento?

_____

_____

_____

_____

Rueda del Poder y Control

Domestic Abuse Intervention Project – www.duluth-model.org – Reformateado

El Ciclo del Abuso

El Ciclo del Abuso es un patrón de comportamiento cíclico que incluye momentos buenos cuando tu esposo se comporta en una manera amorosa y amable, seguido de momentos de abuso total como se describe en la Rueda del Poder y Control. [3] Estos cambios tan drásticos en su comportamiento es como vivir con una persona que tiene dos personalidades totalmente opuestas, lo cual provoca mucha confusión. Existen tres fases en este ciclo: 1) La Fase de la Calma, 2) La Fase de la Creación de Tensión, 3) y la Fase de Explosión. El ciclo puede ocurrir varias veces en un lapso de varios meses o incluso en un mismo día. La duración entre ciclos incluso puede ser más larga si esto le permite a tu esposo tener mayor poder y control. Por ejemplo, si has mencionado que estás pensando en irte de la casa, quizá él discuta menos por un periodo de tiempo. Por favor revisa El **Ciclo del Abuso** (Recurso #2B del Proceso de Sanidad).

¿De qué manera has notado que este Ciclo del Abuso pueda causar confusión en tu relación?

_____

_____

_____

_____

_____

_____

_____

_____

_____

_____

_____

_____

CICLO DEL **ABUSO**

Explosivo/ Silencioso

Momento del Abuso
Inseguro
Aterrador
Temeroso

Es intencional y lo usa para controlarte y obligarte a hacer lo que él quiere

Tranquilo

Tranquilo
Elogioso
Amoroso
Todo se siente normal

Es una manipulación para mantenerte en la relación o para evitar que hables con alguien acerca del abuso

La Tensión Aumenta

Crítico
Irritable

Parece que caminas sobre un campo minado, esperando el momento en que él explote o te aplique la ley del silencio

- Con el tiempo. el ciclo se repite cada vez más seguido y con mayor intensidad.
- La Fase de Calma eventualmente disminuye, y la víctima se encuentra constantemente caminando sobre un campo minado y tratando de mantener la paz en su hogar.
- Este ciclo mantiene a muchas mujeres en su relación abusiva.
- Esta es simplemente otra forma de manipulación a menos que la persona abusiva esté buscando un arrepentimiento genuino.

Dos Términos Clave

El Narcisismo y el "Gaslighting", (en español, manipulación psicológica), son dos términos clave que debemos entender:

Narcisismo: Una persona narcisista cree que tiene el derecho de hacer lo que le plazca a costa de los demás. No hay mutualidad, solo su manera de pensar, lo que hace que la resolución de conflictos sea imposible porque él no cree que haya hecho nada malo. Así de grande es su falta de empatía. No muestra ninguna clase de remordimiento cuando ha hecho algo malo o ha lastimado a alguien, a pesar de que frecuentemente busca una compañera íntima que sea empática. En otras palabras, a un esposo narcisista no le importan los sentimientos de su esposa a pesar de que ella muchas veces se preocupa por él. Esto tiene como consecuencia una dinámica no saludable.

Para entender mejor esta dinámica, "Lo que distingue a un narcisista es una combinación de "yo lo merezco" y de baja autoestima. Estos sentimientos de insuficiencia se proyectan en la víctima. Si la persona narcisista se siente poco atractiva, menospreciará la apariencia de su pareja romántica. **Si el narcisista comete un error, este error se vuelve el error de su pareja. Además, los narcisistas usan con frecuencia tácticas de abuso manipulativas y engañosas al hacer comentarios e indirectas que hacen que la víctima se cuestione sus pensamientos y comportamiento**…. Cualquier pequeña crítica hacia el narcisista, sea real o percibida, muchas veces desencadena un sentimiento de rabia y destrucción total por parte del narcisista. Esto puede tener forma de quejas, gritos, aplicar la ley del silencio y el sabotaje silencioso (tender trampas, negarse a comunicarse, ocultar pertenencias, difundir rumores, etc.)." [4]

¿En qué formas has visto el narcisismo dentro de tu relación? Puedes revisar la sección "Síntomas de una Personalidad Narcisista" (Recurso #2C del Proceso de Sanidad).

_____

_____

_____

_____

_____

_____

"Manipulación Psicológica" o Gaslighting: Esto ocurre cuando el abusador crea un ambiente y se comunica de una manera en que la mujer duda de sí misma en diferentes formas. Por ejemplo, cuando tratas de discutir algo que tu esposo te dijo de una manera negativa y él firmemente responde, "¡Yo nunca dije eso!" Algunos hombres llegan a esconder artículos personales. Otros pueden ir más allá y reprocharte el que no recuerdes donde pusiste cierto artículo que ellos mismos ya habían movido de lugar. Con el tiempo, este tipo de interacciones hacen que la mujer se sienta como si estuviera volviéndose loca.

El término gaslighting viene de una obra de teatro de asesinato-misterio del año 1938 llamada "Gas Light" (Luz de Gas" en español) donde dicha técnica es la trama principal de la obra. Después se convirtió en una película en 1940 y en 1944. El "Gaslighting" es una forma bastante efectiva de abuso emocional que causa que la víctima se cuestione sus propios sentimientos, su instinto y su propio juicio, lo cual le permite al abusador tener el control (y sabemos que el abuso se trata de tener el poder y control). Una vez que el abusador ha destruido la habilidad de la víctima de confiar en su propia percepción, habrá más probabilidades de que la víctima permanezca en esa relación abusiva." [5]

Christy, una sobreviviente Oasis, estaba presente durante un momento de éstos en casa de su amiga Susie. Christy describió la escena de la siguiente manera: "Pude presenciar cómo el esposo de Susie le hacía "gaslighting". Ella estaba en el segundo piso diciendo "no llores Tommy. Mamá bajará en seguida" Su esposo entonces gritó desde arriba, '¡Tommy no está llorando!' Yo le dije, '¿Por qué dices eso cuando claramente está llorando?' Él dijo, 'Porque quiero que piense que está loca.' Mi estomago se me hizo nudo cuando escuché sus palabras, pero no dije nada porque me imaginé que podría ser peligroso si yo lo cuestionaba."

¿Alguna vez has sentido que te vuelves loca? Si es así, ¿qué sucede o cómo te sientes en esos momentos?

_____

_____

_____

_____

Dios te Ve

Está cerca de los
quebrantados de corazón

Genesis 16:13, Salmo 34:18

Incapacidad para Resolver Conflictos

Como ya lo hemos mencionado, además de la confusión y la frustración, existe también la incapacidad para resolver conflictos. Un esposo hará y dirá lo que sea para no asumir la responsabilidad de sus acciones, aún si tiene que contradecirse a sí mismo, negar la realidad, mentir o hacer declaraciones que no tengan sentido. En lugar de tener una conversación racional, sientes como si estuvieras clavando gelatina en la pared. Esto aunado a los comentarios que te hace culpándote y humillándote, lo cual hace que te sientas más confundida e insegura. Quizá él diga "lo siento" una y otra vez, pero sus disculpas no tienen peso o carecen de un verdadero significado. Esto significa que él no siente remordimiento o no tiene un arrepentimiento genuino. Aun si tú sabes lo que tu esposo espera o desea, esto seguirá cambiando constantemente para que él pueda seguir teniendo el control y poder sobre ti. Es una situación sin salida para cualquier esposa que no sepa establecer límites que funcionen, y, aun así, probablemente no haga una diferencia.

Cuando piensas o razonas de una forma normal y amorosa, no puedes esperar que él haga lo mismo. Tienes que comenzar a reconocer que su sistema de creencias no es nada saludable, de otro modo, seguirás esperando a que él actúe normal y cada vez que no lo haga, inventarás excusas para justificarlo. Ahora tienes el conocimiento. No estás loca, simplemente estas en una relación llena de locura. Se fuerte y valiente. Pídele a Dios sabiduría y entendimiento.

¿Qué patrones ves (o veías) en tu conflicto matrimonial? ¿Qué te ha ayudado?

_____

_____

_____

Abuso psicológico y emocional

Hay muchos tipos de abuso, pero todos ellos giran en torno a la necesidad del esposo de controlar y tener el poder; nada más, nada menos. Esto incluye abuso físico, verbal, sexual, financiero, espiritual y violencia o daños hacia la propiedad. Abordaremos cada uno de ellos en la siguiente lección. Estos tipos de abuso son formas de abuso psicológico y emocional que afectan negativamente tu lógica y tus pensamientos internos. El Centro de Consejería de la Universidad de Illinois menciona esto: "El abuso emocional es como un lavado de cerebro en el sentido de que va desgastando la autoestima de la víctima, así como el sentido de valor propio, el concepto de sí mismo y la confianza en cómo percibe las cosas. Ya sea que se lleve a cabo por una constante represión o menosprecio, intimidación o con el pretexto de que te está "guiando", "enseñando" o "aconsejando", los resultados son similares. Eventualmente, la persona que está viviendo el abuso pierde totalmente el sentido de sí mismo o los restos de su valor propio. El abuso emocional traspasa en lo más profundo de una persona, dejando cicatrices que pueden ser más profundas y duraderas que las provocadas por un abuso físico." [6]

Estas son algunas formas en que ocurre el abuso emocional y psicológico:

- o Juegos mentales

- o Humillación (pública/privada/virtual)

- o Usar miradas amenazantes o acciones para generar miedo

- o Presión mental

- o Alejarla de sus amigos y familia

- o Hacerla sentir confundida y "loca"

- o Espiar y revisar sus cosas

- o Cambia de lugares frecuentemente (casa e iglesia)

- o Tratarla como una sirvienta

- o Manipulación

- o Amor y cariño condicionado

- o Usar o abusar de los niños

- o Mensajes de texto constantes

- o Revisar su correo, su bolsa o correos electrónicos

- o Monitorear su teléfono e internet

¿Cuáles de estos comportamientos has experimentado?

_____

_____

_____

¿De qué manera crees que te han afectado?

_____

_____

_____

8 Maneras de Encontrar Claridad

Estas acciones son pasos importantes para tu diario crecimiento y progreso.

1. Acepta el hecho de que el abuso está sucediendo y que no es tu culpa.

2. Comprende las tácticas que usan para tener el poder y control

   sobre ti.

3. Identifica los rasgos narcisistas, incluyendo la carencia de culpa o vergüenza por

   lo que dicen o hacen.

4. Cambia tus respuestas al Ciclo del Abuso para ayudar a minimizar sus efectos.

5. Aprende todo lo que puedes hacer ante el abuso doméstico a través de libros,

   videos y clases.

6. Arma un grupo de personas en quien confías para que sean tu red de apoyo seguro.

7. Busca ayuda profesional de un consejero entrenado y especializado en abuso doméstico o recuperación del trauma, cuando sea necesario.

8. Apóyate en Dios y en Su verdad en todas las cosas.

Circula una acción en esta lista que pueda ayudarte a tener mayor claridad.

¿Cuándo podrías tomar acción para tener claridad?

_____

_____

¿Cuál es una verdad en esta lección que puede ayudarte en tu proceso de sanidad?

_____

_____

Querido Jesús,

Gracias por no ser un Dios de confusión, sino de paz. Ayúdame a aclarar mi confusión para vivir en paz. Ayúdame a verme a mí misma con claridad y así mismo a los demás. Gracias porque no me has dado un espíritu de temor, sino de amor, poder y dominio propio (2 Timoteo 1:7). Ayúdame a usar la mente sana que me has dado de manera que te honre, y me honre a mí misma y a los demás. Gracias por llamarme Tu hija y por el amor inagotable que tienes para mí.

Gracias por llamarme Tu "hechura" (Efesios 2:10) es decir, "tu obra maestra". Aunque a veces no me siento así, sé que Tú así me ves. Confío que continuarás viéndome de esta manera durante mi proceso.

En tu nombre poderoso, ¡Amén!

Un Paso Fuera del Desierto

RECONOCE la verdad acerca del abuso para evitar la confusión

Living Waters of Hope

¿Qué motivación y sabiduría puedes encontrar en la Palabra de Dios?

_____

_____

Romanos 12:2 – *"No se amolden al mundo actual, sino sean transformados mediante la renovación de su mente. Así podrán comprobar cómo es la voluntad de Dios: buena, agradable y perfecta."*

Filipenses 4:6-7 – *"No se preocupen por nada; más bien, en toda ocasión, con oración y ruego, presenten sus peticiones a Dios y denle gracias. Y la paz de Dios, que sobrepasa todo entendimiento, cuidará sus corazones y sus pensamientos en Cristo Jesús."*

Isaías 54:10 – *"'Aunque cambien de lugar las montañas y se tambaleen las colinas, no cambiará mi fiel amor por ti ni vacilará mi pacto de paz', dice el Señor que de ti se compadece."*

Afirmaciones Clave de la Lección 2

1. La confusión y la duda afectan de manera negativa la paz que Dios tiene para ti y desea para tu hogar.

2. El Departamento de Justicia de EU define el abuso doméstico como, "**el patrón de comportamiento abusivo** en cualquier relación donde una persona quiere **tener o mantener el control** sobre su pareja íntima."

3. En un conflicto de matrimonio normal, *ambos* esposos están involucrados y dispuestos a tomar responsabilidad de sus acciones, además trabajan en conjunto para resolver problemas y así vivir en armonía y respeto mutuo.

4. Estos son cuatro hechos importantes para recordar:

   1. El abuso no es tu culpa.

   2. No mereces ser tratada de esta manera.

   3. El abuso no es normal en los conflictos matrimoniales.

   4. Por sí solo, el comportamiento abusivo se volverá progresivamente peor con el paso del tiempo.

5. **La Rueda del Poder y Control** describe los comportamientos mencionados en la definición de violencia doméstica con más detalle.

6. **El Ciclo del Abuso** es un patrón cíclico de comportamiento que incluye momentos buenos cuando tu esposo se comporta de una forma amable y amorosa pero

seguida de momentos de ira y abuso como se describe en La Rueda del Poder y Control.

7. Estos cambios tan drásticos en su comportamiento es como vivir con una persona que tiene dos personalidades totalmente opuestas, lo cual provoca mucha confusión.

8. Existen tres fases en el Ciclo del Abuso: 1) La Fase de la Calma, 2) La Fase de la Creación de Tensión, 3) y La Fase de Explosión.

9. Una persona narcisista cree que tiene el derecho de hacer lo que le plazca a costa de los demás.

10. Cuando tienes un esposo narcisista, no hay acuerdo mutuo, solo se hace lo que él diga, lo cual hace que la resolución de conflictos sea imposible porque él no cree que haya hecho nada malo.

11. El "gaslighting" o hacerte creer que estás loca, ocurre cuando un abusador crea un ambiente y se comunica de una manera en que la mujer duda de sí misma.

12. Un esposo hará y dirá lo que sea para no tomar responsabilidad de sus acciones, aún si tiene que contradecirse a sí mismo, negar la verdad, mentir o decir cosas que no tienen sentido.

13. Vivir con un esposo controlador es un callejón sin salida para cualquier esposa que no establezca límites efectivos, y, aun así, no siempre hacen una diferencia.

14. Hay muchos tipos de abuso, pero todos ellos giran en torno a la necesidad del esposo de controlar y tener el poder; nada más, nada menos.

15. **Ocho maneras de encontrar claridad**: (Estos pasos promueven un crecimiento progresivo.)

   1. Acepta el hecho de que el abuso está sucediendo y que no es tu culpa.

2. Comprende las tácticas que usan para tener el poder y control sobre ti.

3. Identifica los rasgos narcisistas, incluyendo la carencia de culpa o vergüenza por lo que dicen o hacen.

4. Cambia tu respuesta al Ciclo del Abuso para ayudar a minimizar sus efectos.

5. Aprende todo lo que puedes hacer ante el abuso doméstico a través de libros, videos y clases.

6. Arma un grupo de personas en quien confías para que sean tu red de apoyo.

7. Busca ayuda profesional de un consejero entrenado y especializado en abuso. doméstico o recuperación del trauma, cuando sea necesario.

8. Apóyate en Dios y en Su verdad en todas las cosas.

CICLO DEL **ABUSO**

Explosivo/ Silencioso

Momento del Abuso
Inseguro
Aterrador
Temeroso
**Es intencional y lo usa
para controlarte y
obligarte a hacer lo
que él quiere**

Tranquilo

Tranquilo
Elogioso
Amoroso
Todo se siente normal
**Es una manipulación
para mantenerte en la
relación o para evitar
que hables con
alguien acerca
del abuso**

La Tensión Aumenta

Crítico
Irritable
**Parece que caminas
sobre un campo
minado, esperando
el momento en que
él explote o te
aplique la ley del
silencio**

- Con el tiempo. el ciclo se repite cada vez más seguido y con mayor intensidad.
- La Fase de Calma eventualmente disminuye, y la víctima se encuentra constantemente caminando sobre un campo minado y tratando de mantener la paz en su hogar.
- Este ciclo mantiene a muchas mujeres en su relación abusiva.
- Esta es simplemente otra forma de manipulación a menos que la persona abusiva esté buscando un arrepentimiento genuino.

Síntomas de una Personalidad Narcisista

Los signos y síntomas del trastorno de la personalidad narcisista y su severidad

pueden variar. Las personas con este trastorno pueden:

- Tener un sentido excesivo de autoimportancia.

- Tener un sentido de "yo lo merezco" y requerir una constante y excesiva admiración.

- Pedir un reconocimiento como superior aún sin un logro que lo reconozca.

- Exagerar sus logros y talentos.

- Estar preocupados con fantasías sobre tener éxito, poder, ser destacados, poseer belleza o tener la pareja perfecta.

- Creer que son superiores y solo pueden relacionarse con personas igualmente especiales.

- Acaparar conversaciones y minimizar o humillar personas que perciben como inferiores.

- Esperar favores especiales y el cumplimiento incondicional de sus expectativas.

- Tomar ventaja de otros para obtener lo que quieren.

- No tener la habilidad o disposición para reconocer las necesidades y sentimientos de otros.

- Tener envidia de otros y creer que los otros los envidian.

- Comportarse en una forma arrogante o altanera, dando la impresión de ser engreídos, jactanciosos y pretenciosos.

- Insistir en tener lo mejor de todo — por ejemplo, el mejor carro u oficina.

Así mismo, las personas con trastorno de la personalidad narcisista tienen dificultad para procesar cualquier comentario que perciban como una crítica, así que pueden:

- Volverse impacientes o enojados cuando no reciben un trato especial.

- Tener problemas interpersonales serios y sentirse despreciados fácilmente.

- Reaccionar con rabia y desprecio y tratar de menospreciar a la otra persona para ellos sentirse superiores.

- Tener dificultad para regular sus emociones y su comportamiento.

- Experimentar problemas serios al lidiar con el estrés y adaptación al cambio.

- Sentirse deprimidos y mal humorados al pensar que no son suficientemente perfectos.

- Tener sentimientos secretos de inseguridad, vergüenza, vulnerabilidad y humillación. [7]

Nota de Oasis: Hay narcisismo cubierto y encubierto que se presenta de muchas maneras. Hay muchos videos en YouTube sobre estas diferencias.

Vístanse con la
Nueva Naturaleza
y se renovarán
a medida que aprendan
a conocer a su Creador
y se parezcan
más a Él.

Colosenses 3:10 NTV

Lección 3 – Exponiendo la Oscuridad

Objetivo: Conocer y entender los diferentes tipos de abuso y la necesidad de buscar protección.

Verso Clave: *"Pero ahora abandonen también todo esto: enojo, ira, malicia, calumnia, y lenguaje obsceno. Dejen de mentirse unos a otros, ahora que se han quitado el ropaje de la vieja naturaleza con sus vicios y se han puesto el de la nueva naturaleza, que se va renovando en conocimiento a imagen de su Creador."* **Colosenses 3:8-10**

Hablemos de esto

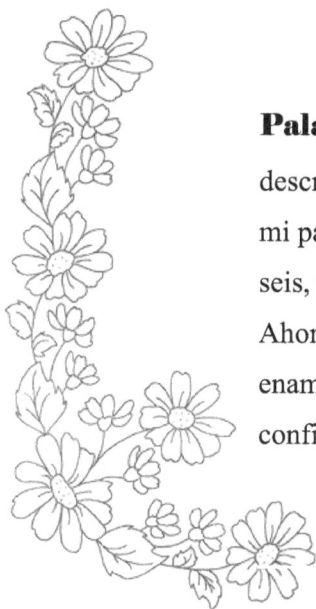

Palabras de una hermana: "Mi esposo encaja en el 97% de las descripciones en la rueda de la manipulación y control. La primera vez que mi pastor me enseñó esto hace unas semanas, solo identifiqué unas cinco o seis, pero pensé que era coincidencia. La realidad de la situación es cegadora. Ahora me doy cuenta de que no es el hombre del que pensé que estaba enamorada. Necesito protegerme de él. Se me quiebra el corazón, pero estoy confiando en Dios." — Christy

¿En qué maneras te puedes identificar con Christy?

_____

_____

Control vs Relaciones Saludables

Hoy estaremos viendo de cerca los comportamientos que hemos discutido en la lección pasada. Para aquellas que ya no viven con sus esposos, esto les ayudará a entender por qué decidieron irse. En esta lección, el abuso emocional-psicológico es el parteaguas para los otros seis tipos de abuso: verbal, financiero, espiritual, sexual, de propiedad y físico. Mientras vamos describiendo cada uno, te darás cuenta de que tal vez has experimentado algunos o todos ellos. Puede ser difícil de aceptar las tantas formas como has sido controlada, pero el hecho de que lo reconozcas te llevará a un lugar más saludable, aún si en el proceso derramas algunas lágrimas.

Dios tiene mucho que decir acerca del liderazgo dominante y la opresión porque Él no quiere que nadie, especialmente sus hijas, sean tratadas de una forma tan denigrante. En nuestro verso clave, **Colosenses 3:8-10**, Dios nos dice que estos comportamientos negativos tenemos que dejarlos a un lado porque no reflejan el corazón de Jesús.

Antes de continuar, echemos un vistazo a las cualidades de una relación saludable. Muchas mujeres Oasis han dicho que no están seguras de saber qué es saludable y qué no es, después de haber vivido tanto tiempo en abuso. Por favor lee **La Rueda de la Equidad** (Recurso #3B del Proceso de Sanidad), pág. 62.

¿Para ti qué es lo que más destaca en esta lista de patrones saludables y por qué?

_____

_____

Tipos de abuso

Así como las luces de advertencia de tu auto indican que necesitas revisar el motor, estos tipos de abuso activan luces de advertencia diciéndote que algo no esta bien en tu relación. La lista a continuación muestra esas luces de advertencia, la mayoría de las cuales fueron tomadas de la Rueda del Poder y Control.

Abuso Verbal

Un esposo que es abusivo usará palabras para herir, humillar, culpar y avergonzar a una mujer en su intento de sentirse "superior" a ella. A veces él querrá echarte a ti la culpa, así como desviar la atención hacia él, deslindarse de su responsabilidad y bloquear la conversación. **Estas palabras hirientes afectan negativamente tu individualidad, creatividad, dignidad, bienestar integral, capacidad y los dones y habilidades que Dios te ha dado.**

Humillaciones	Amenazas	Discusiones continuas
Insultos	Bromas abusivas	Ley del Silencio
Gritos	Malas Palabras	Culparte y avergonzarte

Dios dice en Proverbios 18:21 que "En la lengua hay poder de vida y muerte." Las palabras abusivas no traen vida, al contrario, matan lentamente tu sentido de valor propio. Las heridas que éstas provocan son más profundas y duraderas que las provocadas por el abuso físico. **Salmo 37:30** enseña que "la boca del justo imparte sabiduría y su lengua proclama la justicia." Cuando se usan palabras abusivas, la sabiduría y justicia no están presentes... tampoco el amor. A lo largo de tu proceso de sanidad, deberás cambiar esos argumentos negativos que te haces a ti misma por unos que sean positivos y reflejen la forma como Dios te ve. Tomará tiempo e intencionalidad, ¡pero lo puedes lograr!

Describe de qué manera el abuso verbal ha afectado la forma como te ves a ti misma. ¿Cómo te ve Dios?

_____

_____

_____

Abuso Económico y Financiero

El abuso financiero sucede cuando un hombre trata de controlar a una mujer a través de las finanzas. Con frecuencia quiere que ella dependa de él, o al contrario, le exige que ella le de su dinero. Es una forma más sutil de control y puede privar económicamente a una mujer si ella decide dejar la relación.

Controlar el dinero	Decisiones unilateralares
Mentir acerca de las finanzas	Esconder cuentas bancarias
Restringir su anhelo de trabajar	No pagar manutención
Negar necesidades básicas	Quejarse de las compras que hace
Querer/Tomar su dinero	Pedir préstamos a su nombre
Preguntar por cada centavo que gastó	Que ella pague su educación

---

Alice, una vencedora Oasis, compartió una vez que había regresado de hacer compras en Costco y traía un paquete de toallas de papel. Su esposo estaba enojado con ella por haber gastado tanto dinero, aunque ella sabía que había ahorrado dinero al comprar un paquete grande. Ella regresó el paquete y se dio cuenta que él había comprado un aparato para hacer ejercicio. Por otro lado, vemos que hay hombres que les cuesta trabajo mantener un trabajo y les exigen dinero a sus esposas. Carol, otra vencedora Oasis, describió cómo su esposo "se ponía rojo de la cara y le gritaba" para que le diera dinero. Parte de esta triste historia eran las adicciones que él tenía. **Dios dice en Efesios 5:28-29** que *"Así mismo el esposo debe amar a su esposa como a su propio cuerpo."* Así como un hombre se preocupa de sí mismo financieramente hablando, también debe preocuparse por ti.

¿De qué formas has experimentado abuso financiero?

Abuso Espiritual

Este tipo de abuso es particularmente difícil para la mujer creyente. "Las palabras como 'sumisión' y 'obediencia' así como cierto lenguaje espiritual, es tomado fuera de contexto por los hombres que abusan de su esposa espiritualmente."

- ✓ Usar de manera incorrecta las Escrituras o a Dios para controlar o abusar
- ✓ Afectar negativamente la imagen de sí misma o de Dios
- ✓ Exigir sumisión y obediencia
- ✓ Cambiar de iglesia cada 2-3 años porque sienten que la gente sospecha
- ✓ Hablar mal o incorrectamente de ella dentro de su comunidad religiosa para desacreditarla
- ✓ Usar a sus líderes religiosos/comunidad para convencerla de quedarse en una relación abusiva
- ✓ Cuestionar su salvación
- ✓ No dejarla ir a la iglesia/forzarla a ir
- ✓ Hacer mal uso de las Escrituras para justificar su comportamiento

Referencia de la cita [8]

Natalie, una vencedora Oasis, creció en un hogar cristiano y estaba consciente de la veracidad de la Palabra de Dios. **Desafortunadamente, después de vivir abuso espiritual por años, ella "comenzó a cuestionar lo que alguna vez conocía como la verdad".** Después de casi diecisiete años en un matrimonio abusivo, ella tomó intencionalmente la decisión de volver a la Palabra de Dios. Este enfoque cambió el rumbo de su vida y ayudó a que tomara decisiones sabias, sanas y más seguras para ella y sus hijos. Algunas mujeres han tenido que reevaluar lo que han aprendido en sus iglesias en relación con el matrimonio y la mujer para tener un mejor entendimiento. **Dios dice en el Salmo 119:105** que Su palabra *"es una lámpara a mis pies y una luz en mi sendero."* Un hombre abusivo usa incorrectamente las Escrituras para opacar la vida de su pareja. Jesús continuamente reprendía a los fariseos por malinterpretar las Escrituras (**Juan 5:39; Romanos 16:17-18; 2 Pedro 3:16; 2 Corintios 11:14-15**).

¿Por qué es tan difícil reconocer el abuso espiritual?

Abuso Sexual

Esto se refiere a una esposa que es forzada por su esposo a participar en actividad sexual no deseada. Él frecuentemente usará la manipulación, la presión o amenazas. **El abuso sexual es una herida especialmente profunda.** Algunas sobrevivientes Oasis comparten con dolor que después de algún incidente de abuso, sus esposos quieren tener intimidad. Por supuesto que eso es lo último que una mujer quiere hacer, pero debido a que es forzada y acosada, termina por ceder. Al final, se sienten devastadas y comparten acerca de estas heridas en un mar de lágrimas. (Encuentra sanidad en el Libro Dos de Oasis.) Por favor recuerda que Dios quiere sanar estas profundas heridas en tu corazón, mente y alma.

Toque indeseado	Atacar partes del cuerpo	Interrumpir su sueño
Violación	Sumamente celoso	Bromas sexuales y humillación
Comentarios sexuales	Berrinches/manipulación	Vestirse de cierta forma
Negar la Intimidad	Forzar el acto sexual	Tener una

La adicción o el uso de la pornografía es una bandera roja. Se convierte en abuso cuando él quiere vivir sus fantasías irreales contigo a través de la manipulación, la culpa y la presión. La pornografía es lo mismo que el adulterio, lo cual es un pecado (Mateo 5:28 – "Cualquiera que mira a una mujer y la codicia ya ha cometido adulterio con ella en el corazón").

Dios dice en Efesios 5:28-29 que un esposo debe *"amar a su esposa como a su propio cuerpo"* lo cual debe hacerse en una forma *"que nutra"* y la *"cuide"*. El abuso sexual no refleja esta forma de pensar. **Hebreos 13:4** enseña que "debemos tener en alta estima el matrimonio y la fidelidad conyugal". Esto incluye no solo asuntos de adulterio, sino también de pornografía.

Abuso de Violencia a la Propiedad

Este tipo de comportamiento tiene el propósito de intimidar y sembrar miedo. El abuso a la propiedad puede llevar al abuso físico, aunque algunos hombres no llegan a eso, sabiendo que pueden terminar en la cárcel. Es especialmente traumático para una mujer y sus hijos si abusa de su mascota.

Golpear paredes o puertas	Golpear la mesa	Patear o golpear muebles
Sabotear el auto	Aventar cosas	Tomar o destruir objetos/teléfonos
Lastimar a las mascotas	Azotar puertas	Tomar cosas de valor

Una mujer huyó de su casa por motivos de seguridad solo para descubrir que su novio había roto en mil pedazos su colección de cristal. Otra mujer expresó cuán temerosa se sintió cuando su esposo dejó un hueco en la pared, preguntándose si también la golpearía a ella. "El mensaje subconsciente que trata de enviar a su esposa y/o a sus hijos es que él tiene el poder sobre la vida y la muerte – así que la familia se pregunta cuándo será su turno. Si esto está sucediendo, tiene que darse una separación y la familia necesita acudir a un lugar seguro" [9]

Dios dice en Santiago 1:19-20 que *"todos deben estar listos para escuchar, pero no apresurarse para hablar ni para enojarse; pues el enojo de una persona no produce la vida justa que Dios quiere"* Cuando un esposo destruye cosas en su casa porque está enojado y busca sembrar miedo, no está reflejando la justicia de Dios.

¿Has experimentado este tipo de abuso de alguna manera?

_____

_____

Abuso Físico

Para el esposo que es más violento, Hegstrom escribe, "Cada vez que un abusador siente que ha perdido el control de la mujer o la situación, éste recurre a alguna forma de violencia física para ganar el control." Algunos hombres creen que la mujer debe ser tratada de esta manera porque piensan que las mujeres son inferiores y son propiedad del hombre.

Golpear	Empujar	Asfixiar	Morder
Sujetar	Cachetear	Restringir	Ahorcar
Patear	Pellizcar	Jalar el cabello	Rasguñar

Posturas para intimidar con su tamaño o fuerza

Obligarla a que se mueva o no se mueva en contra de su voluntad

---

Referencia de la cita [10]

Si estás viviendo este tipo de abuso, es indispensable que armes un plan de seguridad sólido y busques un lugar más seguro para vivir. Recuerda, el comportamiento abusivo sin atender solamente aumentará con el tiempo y finalmente pondrá en peligro tu vida. Si tu esposo alguna vez ha puesto sus manos alrededor de tu cuello, estadísticamente, tienes 750 veces más probabilidades de morir. El abuso físico es un asunto muy serio.

Dios dice en Filipenses 4:5 *"que su amabilidad sea evidente a todos."* Esto aplica a todas las relaciones. Por el contrario, Dios nos dice en **Eclesiastés 7:9**, *"No permitas que el enojo domine tu espíritu, porque el enojo se aloja en lo íntimo de los necios"* Recuerda que el enojo es comúnmente usado para controlar a otra persona porque muchas veces estos hombres *no* muestran enojo en la iglesia o el trabajo. El abuso es un asunto de poder y control más que un asunto de enojo.

Piensa en esto: ¿Alguna vez te ha amenazado con abusar físicamente de ti? ¿Alguna vez has experimentado abuso físico? Si es así, ¿alguna vez ha puesto sus manos alrededor de tu cuello?

_____

_____

_____

Vínculo del Trauma

Necesitamos entender el Vínculo del Trauma como un asunto real que sucede tanto en mujeres como en niños dentro de un hogar abusivo. Es difícil de detectar y puede confundirse con amor y llevar a una codependencia, lo cual provoca que la esposa busque consuelo en la persona que la está abusando. El Ciclo de la Violencia es un factor importante ya que este vínculo irracional se desarrolla por medio de una necesidad de amor, aunque el abuso también se esté dando. Esta es la razón por la cual muchas mujeres que dejan su matrimonio terminan regresando a sus esposos abusivos aun cuando ellos no han hecho los cambios necesarios para detener su comportamiento abusivo.

Shannon Thomas, autora del libro *Sanando las Heridas Escondidas*, escribe, "Cuando estamos buscando algo que queremos, y que alguna vez tuvimos, es decir, una conexión con alguien, pero ellos a su vez están jugando al gato y al ratón donde estiran y aflojan, es ahí donde realmente se convierte en una dependencia por tener esa aprobación. Las víctimas se quedan en estas relaciones… porque muchas veces es difícil saber cuál es el verdadero problema. A través del gaslighting, el control y el amor intermitente, el abusador tiene acorralada a su pareja en un estado de desesperación y culpándose a sí misma, tratando de ganarse nuevamente el afecto de la persona que aman." [11]

¿Qué signos del Vínculo del Trauma has experimentado? Puedes ver la lista de los signos del Vínculo del Trauma en el Recurso #3C del Proceso de Sanidad.

_____

_____

_____

_____

Un Plan de Seguridad

El abuso y la necesidad de seguridad van de la mano. Si tu vives con tu esposo, tu seguridad es un tema que debe abordarse. Debido a lo impredecible que es el abuso doméstico, siempre es sabio estar preparadas. Es importante tener un plan de seguridad por varias razones:

1) Ayudará a que te mantengas a salvo.

2) Te dará la confianza necesaria para irte inmediatamente en un momento de crisis.

3) Te dará un sentido de control en tu vida.

4) Te dará más espacio para sanar.

5) Simplemente podría salvar tu vida.

Por favor revisa el Apéndice B y C al final del libro, para ver los planes de seguridad. Éstos explican cómo mantenerte a salvo en diferentes situaciones tanto dentro como fuera de tu casa, ya sea que vivas con tu esposo o estés separada, o bien, que tengas una orden de restricción. Si no vives con tu esposo, dependiendo del tiempo que ha transcurrido, tal vez llegues a necesitar un plan de seguridad. Siempre es sabio tener una mentalidad de seguridad.

Ya sea que vivas con tu esposo o no, ¿qué medidas de seguridad has implementado? ¿Necesitas trabajar en un plan de seguridad?

_____

_____

_____

_____

¿Cuál es una verdad de la lección de hoy que te ayudará en tu proceso de sanidad?

_____

_____

_____

_____

_____

Querido Jesús,

Gracias por amarme y enseñarme cómo debo y no debo ser tratada por mi esposo. Por favor sana mi corazón roto y venda mis heridas tan profundas. Ayúdame a saber cuáles son los siguientes pasos que Tú quieres que tome con las verdades que estoy aprendiendo. Gracias por siempre amarme incondicionalmente y nunca tratarme de una forma peligrosa o humillante. Yo no soy perfecta, pero soy perdonada y cubierta por Tu gracia.

Protégeme del peligro y rompe cualquier vínculo no saludable que me ate a mi esposo para que yo pueda tomar decisiones sabias. Ayúdame a conocer tu voluntad para mi matrimonio y en todas mis decisiones. Descanso en Ti como mi refugio y mi fuerza, como lo dice Salmo 46:1

En tu Nombre Poderoso, ¡Amén!

Un Paso Fuera del Desierto

CONOCE y COMPRENDE
los diferentes tipos de abuso

Living Waters of Hope

¿Qué te está diciendo Dios a través de estos versos?

_____

_____

_____

Efesios 4:29 – *"Eviten toda conversación obscena. Por el contrario, que sus palabras contribuyan a la necesaria edificación y sean de bendición para quienes escuchan."*

Mateo 11:28-30 – *"Vengan a mí todos ustedes que están cansados y agobiados; yo les daré descanso. Carguen con mi yugo y aprendan de mí, pues yo soy apacible y humilde de corazón, y encontrarán descanso para sus almas. Porque mi yugo es suave y mi carga es liviana."*

Salmo 46:1-2 – *"Dios es nuestro refugio y nuestra fortaleza, nuestra segura ayuda en momentos de angustia."*

Afirmaciones Clave de la Lección 3

1. Hay siete tipos de abuso: 1) Emocional/Psicológico, 2) Verbal, 3) Financiero, 4) Espiritual, 5) Sexual, 6) De Propiedad, y 7) Físico.

2. Puede ser difícil aceptar las tantas formas como has sido controlada, pero el hecho de que lo reconozcas te llevará a un lugar más saludable, aún si en el proceso derramas algunas lágrimas.

3. Dios nos dice en Colosenses 3:8-10 que debemos dejar a un lado este tipo de comportamientos negativos, ya que no reflejan el corazón de Jesús.

4. El abuso verbal afecta negativamente tu individualidad, creatividad, dignidad, bienestar integral, tu capacidad, y los dones y habilidades que Dios te ha dado.

5. Tomará tiempo e intencionalidad cambiar esa forma negativa de hablarte a ti misma, por una positiva que refleje la forma como Dios te ve. Si, tomará tiempo, pero ¡lo puedes lograr!

6. El abuso espiritual es particularmente difícil para una mujer creyente.

7. El abuso sexual es una herida especialmente profunda.

8. El daño a la propiedad es un tipo de abuso que tiene el propósito de intimidar y sembrar miedo.

9. Si tu esposo alguna vez ha puesto sus manos alrededor de tu cuello, estadísticamente tienes 750 veces más probabilidades de morir.

10. El abuso financiero sucede cuando un hombre trata de controlar a una mujer a través de las finanzas.

11. Necesitamos entender el Vínculo del Trauma como un asunto real que afecta tu individualidad, tanto en mujeres como en niños dentro de un hogar abusivo.

12. Debido a lo impredecible que es el abuso doméstico, siempre es sabio estar preparada con un plan de seguridad para ti y los niños, si es que tienes niños viviendo en casa.

13. Un plan de seguridad es importante por varias razones: 1) Te ayudará a mantenerte a salvo; 2) Te dará la confianza necesaria para irte inmediatamente en un momento de crisis; 3) Te dará un sentido de control en tu vida; 4) Te dará más espacio para sanar; 5) Simplemente podría salvar tu vida.

14. Dios te ama incondicionalmente y no quiere que seas tratada en una forma peligrosa o humillante.

15. Hay poder en el conocimiento y mientras más aprendes acerca de los tipos de abuso, podrás identificarlos cuando estén sucediendo.

16. Dios está contigo y cree en ti. Él camina contigo cada paso de tu proceso y quiere ser tu refugio.

Rueda de la Equidad[12]

No-violencia

NEGOCIACIÓN Y JUSTICIA
Buscar mutuamente resolver los conflictos
*Aceptar el cambio
*Estar dispuesto a comprometerse.

COMPORTAMIENTO NO-AMENAZANTE
Hablar y actuar en una forma que hace que ella se sienta cómoda y pueda expresarse y hacer cosas de una manera segura.

SER SOCIOS EN LOS TEMAS ECONÓMICOS
Tomar las decisiones financieras juntos *Asegurarse que ambas partes se beneficien de los acuerdos financieros.

RESPETO
Escucharla sin juzgarla
*Entenderla y afirmar su corazón emocionalmente
*Valorar su opinión.

Rueda de la EQUIDAD

RESPONSABILIDAD COMPARTIDA
Acordar mutuamente en repartir justamente el trabajo
*Tomar decisiones en familia juntos.

CONFIANZA Y APOYO
Apoyarla en sus metas y objetivos
*Respetar su derecho a tener sentimientos propios, amigos, actividades y opiniones.

PATERNIDAD RESPONSABLE
Compartir la responsabilidad de criar a los hijos.
*Ser un ejemplo a seguir, que sea positivo y no-violento, para los hijos.

HONESTIDAD Y RENDICIÓN DE CUENTAS
Aceptar la responsabilidad propia * Reconocer el uso de violencia en el pasado.
*Admitir que estaba equivocado
*Comunicarse de manera abierta y diciendo la verdad.

No-violencia

Nota de Oasis: Dios creó al hombre y a la mujer a su imagen (Génesis 1:27) y somos llamados a someternos unos a otros (Efesios 5:21). Dicho esto, *Dios llama al hombre a ser la cabeza en el matrimonio* (Efesios 5:23) y *amar y servir como un líder a su esposa, justo como* Cristo lo es para su iglesia (Efesios 5:25). En otras palabras, él debe ser la cobertura y protección para su esposa, dentro de una relación de mutuo respeto sin necesidad de controlarla.

Proyecto de Intervención de Abuso Doméstico – www.duluth-model.org – Reformateado

Signos del Vínculo del Trauma

- ✓ Un patrón constante de incumplimiento – tu pareja te promete que las cosas se pondrán mejor pero su comportamiento dice todo lo contrario.

- ✓ Otros se sienten perturbados por algo que él te hizo o dijo, pero tú lo ignoras.

- ✓ Te sientes atrapada en la relación porque no ves la forma de salir.

- ✓ Sigues teniendo las mismas peleas con tu pareja que no salen de ese círculo vicioso donde nadie gana.

- ✓ Te castiga o te hace la ley del silencio cuando dices o haces algo "incorrecto".

- ✓ Sientes que no puedes desprenderte de tu relación a pesar de que no confías o incluso no te gusta la persona con la que estás.

- ✓ Cuando tratas de irte, te invade un anhelo de volver con tu pareja que sientes que podría destruirte. [13]

Nota: Encontrarás más información del Vínculo del Trauma en la Lección #6, incluyendo los pasos hacia la recuperación.

...Él mantiene
unida toda
la creación.

Colosenses 1:17 NTV

Lección 4 – Reparando las Piezas Rotas

Objetivo: Entender los factores que influyen para que una persona sea víctima o abusador.

Key Verse: *"Él ya existía antes de todas las cosas y mantiene unida toda la creación."*

Colosenses 1:17 NTV

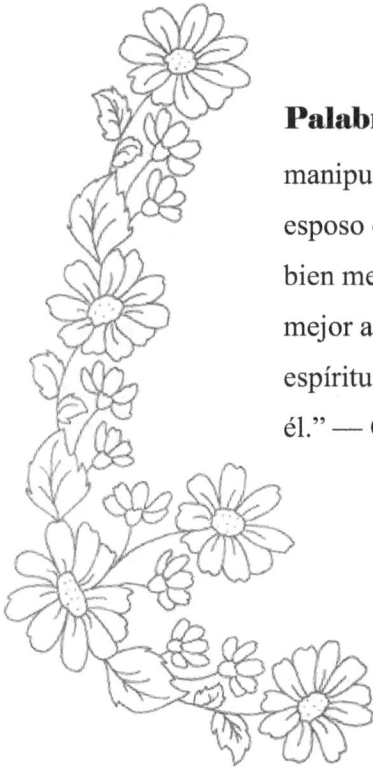

Hablemos de esto

Palabras de una hermana: "Las cosas que estoy aprendiendo acerca de la manipulación realmente me están abriendo los ojos. Pensé que todos estos años mi esposo era mi mejor amigo. Pensé que me estaba ayudando. Resulta que él más bien me estaba mintiendo y manipulando. He aprendido que mi esposo no es mi mejor amigo. Él es la persona que más me ha lastimado. Ha tratado de matar mi espíritu y yo nunca me di cuenta de que en realidad el que causaba todo esto era él." — Christy

¿De qué manera te puedes identificar con estas palabras?

_____

_____

_____

Piezas rotas

El abuso nace de un corazón roto y heridas no sanadas, al menos del lado del abusador. El dolor de esa herida no sanada pasa a otros, especialmente dentro del matrimonio. Ya sea que aún estés con tu esposo o no, tal vez te has preguntado cómo y por qué terminaste en un matrimonio dañino. No estás sola. El abuso puede sucederle a *cualquiera* sin importar condición económica, educación, edad, posición, género o raza. La violencia doméstica es la fuente más común de lesiones a las mujeres, más común que los accidentes automovilísticos, los robos y la violación por parte de un extraño, todos estos combinados. Una de cada cuatro (algunos ahora dicen que una de cada tres) mujeres experimentan violencia doméstica en su vida en los Estados Unidos. Cada nueve segundos una mujer es violada. Cada día en Estados Unidos, tres mujeres son asesinadas por sus esposos o novios. Obviamente, la seguridad es un asunto importante, por eso tenemos dos planes de seguridad disponibles en el apéndice.

Este efecto devastador en la vida de una mujer, como Christy, es similar a un hermoso vaso de vidrio que ha sido arrojado al suelo y se ha roto en muchísimas piezas. Es difícil incluso saber cómo empezar a recogerlas. Con el tiempo, el quebrantamiento y las pérdidas en tu vida afectan quién eres, a medida que la luz de la verdad de Dios se desvanece en la oscuridad de las mentiras que te han dicho. Te consume una sensación de temor y desesperanza mientras tratas de llegar al final del día. Quizá te sientes avergonzada frente a tu comunidad de la fe, amigos, familia y no estás segura como darte la vuelta o en quién puedes confiar para pedir ayuda. Ya sea que estés actualmente en una relación abusiva o hayas salido de una, es necesario sanar para poner de nuevo esas piezas en su lugar. Nuestro versículo clave, **Colosenses 1:17**, promete que no importa dónde te encuentres en tu proceso, aún hay esperanza en saber que Dios puede y quiere poner las piezas de tu vida de nuevo en su lugar.

¿Cuáles son algunas de esas piezas rotas en tu vida que necesitan ser puestas de nuevo en su lugar y ser sanadas?

_____

_____

_____

_____

5 Factores Clave que Influyen en el Comportamiento Abusivo

Ten en cuenta que el trauma y experiencias de la infancia, las creencias religiosas, trasfondo cultural y la pornografía, NO justifican el abuso, pero son factores que los abusadores tienen en común con otros abusadores. (Aunque, algunos niños que fueron abusados de niños no se convierten en hombres abusivos.) Vivir en un hogar abusivo durante la infancia puede llevar al desarrollo de patrones de comportamiento abusivo, pero puede ser revertido cuando la persona decide cambiar dicho comportamiento.

1. Trauma de la Infancia – Dentro de nuestra cultura americana, la razón predominante para que un hombre se vuelva abusivo es el haber crecido en un hogar donde hubo abuso. Con frecuencia es el papá o padrastro quien modeló este comportamiento, pero a veces es la mamá o la madrastra. Tal vez ha habido abuso generacional como resultado del uso de drogas o alcohol, y/o inestabilidad emocional, entre otros factores. **El trauma con el que un niño o una niña crece, o incluso haberlo experimentado una sola vez, puede dejar heridas profundas en su mente y su corazón.** El abuso doméstico en el hogar, directa o indirectamente (observado), puede afectar su sentido de valor propio, así como su crecimiento emocional, físico y espiritual.

También existen casos donde nunca se aprendió la dinámica de una relación saludable, tal como el respeto mutuo, crianza saludable, resolución de conflictos, manejo de la ira, amor incondicional, límites saludables y el perdón. Además, que estos niños son más vulnerables en convertirse en la próxima generación de abusadores y víctimas. Ya sea que él o ella termine como un abusador o una víctima, hay heridas profundas y vergüenza en su interior que quizá aún no han sanado. **Para el niño que fue criado en un hogar abusivo, ese dolor que nunca sanó puede llevarlo a tener un comportamiento abusivo hacia su esposa y sus hijos.**

Gracias a Dios, hay hombres y mujeres que han encontrado sanidad y éxito al no convertirse en un abusador o una víctima. ¡Gloria a Dios! Si tú eres una mamá, tu ejemplo de lo que es un amor saludable hacia tus hijos puede ayudarlos a tener relaciones saludables en el futuro.

¿Puedes describir el ambiente familiar y dentro del hogar en el que tu esposo creció?

_____

_____

_____

2. Experiencias de la Infancia – Esto puede variar desde sus amigos, juguetes, libros que leía, los modelos a seguir que tuvo en su vida y el vecindario en el que creció. Dentro de nuestra propia cultura, las mujeres frecuentemente son representadas en la televisión, películas, redes sociales, etc. como objetos que dan placer a los hombres. El conjunto de experiencias de vida y su infancia, definen en gran manera sus valores y creencias acerca de la vida y las relaciones.

3. Religión – Quizá la forma como un hombre fue criado en cuanto a la religión sea un tanto extremo y afecta negativamente su forma de ver a las mujeres y los roles que un esposo y una esposa tienen. Aún en las iglesias poco conservadoras, no hay suficiente enseñanza sólida de lo que es un matrimonio saludable en contraste con uno abusivo, así como respeto mutuo en contraste con control dominante.

4. Cultura Étnica – Algunas culturas étnicas están muy enfocadas en el hombre y ven a la mujer como "menos importante". Comúnmente, el abuso es aceptado e incluso legal en algunos países. Aun cuando viven aquí, es difícil para estas mujeres encontrar apoyo por parte de sus iglesias y familias.

5. Pornografía – Este es un asunto devastador porque se ha vuelto muy prevalente. Ya sea que la pornografía haya sido parte de su infancia o en su vida adulta, esto provoca que un esposo vea a su esposa como un objeto en vez de una mujer de valor y dignidad. La creciente violencia en la pornografía también puede darse en el matrimonio.

Ahora, quizá tengas un mejor entendimiento del comportamiento abusivo, aun así, *no hay excusa.* El resultado de estos factores clave es un sistema de creencias y una actitud de superioridad y de merecerlo todo que identificamos en una lección anterior como narcisismo. Sin un deseo verdadero de buscar ayuda profesional para cambiar dichas creencias, el abuso continuará.

¿Qué es lo que más te llama la atención de esta lista? ¿Existen otros factores que se relacionen con la actitud que tiene tu esposo?

_____

_____

_____

_____

_____

_____

_____

_____

Características Generales de los Hombres Abusivos

Considera esta lista de cuatro características generales de los hombres abusivos al mismo tiempo que encuentras patrones en el comportamiento de tu esposo. Esto te ayudará a conocer la verdad con mayor claridad en tu relación. Steven Tracey, autor cristiano, describe estas cuatro características en su libro, *Mending the Soul*. [14]

1. Negación generalizada de la responsabilidad - "La característica más consistente que hemos visto en los abusadores es la absoluta falta de voluntad para asumir una total responsabilidad por su comportamiento. Raramente he visto un abusador confesar su abuso, a menos que exista una evidencia de lo que ha hecho tan clara como el cristal – aun así, ellos comúnmente minimizarán lo que han hecho y culparán a la otra persona. En resumen, la mayoría de los abusadores carecen de habilidad para reconocer plenamente su pecado." [15]

2. Engaño audaz – Tracey explica que hay una "destreza que los abusadores necesitan para mantener su inocencia, evitar la incomodidad de cambiar patrones de comportamiento establecidos desde hace mucho tiempo, escapar de las dolorosas consecuencias de sus acciones y calmar (hacer menos intensa) su propia conciencia persistente. Los abusadores pueden ser expertos en manipular palabras y acciones para confundir y poner a otros a la defensiva." [16]

3. Crítica severa – "Esto les permite mantener el 'terreno de la moral elevado' y desviar la atención de sí mismos hacia los demás. Hacer esto, es a menudo una forma eficaz de mantener su apariencia moral, por lo tanto, hace que nieguen su responsabilidad por más tiempo." [17] "Entre más consejeros y miembros de la familia traten de confrontar el pecado de un abusador, más agresivo se vuelve él o ella, ya que le permite identificar y escudriñar los pecados, errores o debilidades de los demás." [18]

4. Intimidación calculada – Debido a que la vida de los abusadores se basa en distorsionar la realidad, evitar consecuencias y adoptar conductas que alivien temporalmente su tormento interno, ellos normalmente no pueden afrontar la realidad de sus acciones destructivas. La mayoría de los abusadores están desesperados por evitar que sus víctimas cuenten la verdad. Así que, con frecuencia elaboran estrategias para intimidar a sus víctimas y obligarlas a que guarden silencio y se sometan, lo que les permite continuar abusando sin ninguna impunidad (es decir, ningún castigo o consecuencia). [19]

¿Cómo has visto estas características desarrollarse en tu relación?

_____

_____

_____

_____

_____

_____

_____

5 Factores Clave que Influyen en la Vulnerabilidad de una Mujer Para Convertirse en Víctima

A pesar de que muchos de los factores ya mencionados en esta lección pueden aplicar en la vulnerabilidad de una mujer a convertirse en víctima, estos son algunos pensamientos y consideraciones:

1. Trauma de la infancia – Aunque algunas mujeres han experimentado abuso doméstico al crecer, las estadísticas son mucho menores a comparación de los hombres que son abusivos. Aun así, si esta es tu historia, eres mucho más propensa a estar en una relación abusiva porque el abuso es algo normal y familiar para ti. Quizá haya sido difícil reconocer los signos de alerta o incluso saber que existían.

2. Cultura y religión – Este tema ya había sido cubierto anteriormente, pero es importante mencionar que la Biblia tiene la última palabra en cuanto a la definición de matrimonio y cómo debería de ser, así como la forma en que debemos tratarnos el uno al otro.

3. Príncipe "Encantador" – Cada vez es más común ver hombres encantadores que enamoran a una mujer, pero cuando la relación avanza, inevitablemente la mujer se da cuenta de la realidad del abuso. Estos hombres son muy intencionales al tratar de ganar el corazón de una mujer antes de que el abuso sea evidente en la relación. Si había signos de control, comúnmente son mínimos y difíciles de reconocer. Al final, este Príncipe Encantador te ha llevado a un matrimonio totalmente destructivo.

4. No era un Príncipe Encantador – Tal vez tu esposo no era un Príncipe Encantador y tú si notaste los signos de alerta, pero tenías tus propios motivos para casarte con él. Tu decisión incluso fue tomada a pesar de las advertencias de otros. A estas alturas, es común sentir arrepentimiento y culpa en esta situación, sobre todo por el efecto que tiene sobre los niños. Por favor, recuerda que Dios te ama y quiere que sepas que Su gracia te cubre en todo momento.

5. Violación Sexual – El abuso sexual o violación es una herida *muy* profunda y puede causar que una mujer se vuelva aún más vulnerable debido a la carencia de amor propio y dignidad. Si has experimentado una violación sexual, una o varias veces, dentro o fuera de tu hogar, de niña o de adulto, esto puede traer mucha confusión acerca de ti misma y tu relación con los hombres. Tristemente, algunas mujeres creen que no merecen lo mejor.

¿Puedes identificar alguna de estas áreas de influencia en tu propia vida? ¿Quizá alguna otra área no mencionada?

_____

_____

Pongamos Todo en Conjunto

En muchas relaciones, la mujer es engañada desde el principio. Desafortunadamente, esto es particularmente cierto en relaciones cristianas. Muchas veces, el abuso sucede sutilmente, de tal manera que para cuando te das cuenta, ya hay un problema serio; te sientes abrumada y no sabes qué hacer. Es como la anécdota de la "rana en la olla", no se dio cuenta de lo que sucedía hasta que ya era demasiado tarde. En algún momento, el Príncipe Encantador se convirtió en el Dr. Jekyll y en el Sr. Hyde. "El síndrome del Dr. Jekyll y el Sr. Hyde, habla de un hombre que tiene control absoluto de sus dos personalidades y usa una o la otra para tener el control y el poder sobre la situación o sobre su pareja." [20] **Una vez que conquista las fibras más delicadas de tu corazón y a través de la intimidad física y/o el matrimonio, entonces te verá como su posesión y su propiedad.**

En otras palabras, captura tu corazón y construye tu confianza en él solo para usarlo a su favor. Con frecuencia, hará que caigas en su juego, al comportarse como la persona que tú quieres que sea y luego transformarse en la persona que realmente es. Tu vínculo emocional y quizá físico nubla tu mente y comienzas a negar, minimizar y poner excusas a su comportamiento y abuso. Es común que te culpes a ti misma y creas la mentira de que todo el conflicto es por tu culpa. ¿Logras ver un patrón en la forma como te engaña? Este patrón de engaño te lleva a dudar de ti misma. Cada vez que una sobreviviente comienza su proceso de sanidad, comienza dudando de sí misma precisamente por la naturaleza tan engañosa del abuso y la falta de información sobre el tema. **Sé paciente contigo misma mientras navegas este proceso de aprender la verdad sobre el abuso, al mismo tiempo que encuentras sabiduría en la Palabra de Dios.**

Una sobreviviente compartió su experiencia de esta manera, "En mi caso, yo sentía que era una persona lo suficientemente educada e informada y que debí haber sido más lista y no envolverme en una relación así. Pero no me tomó mucho tiempo el entender que cuando amas a alguien, muchas cosas que normalmente verías, o viendo la situación desde afuera, son difíciles de percibir cuando tú estás dentro. Después de todo, aquí estaba este atractivo hombre que estaba interesado en mí y pensaba que yo era alguien muy especial. Nunca alguien me había visto de esa manera y ¿cómo no iba a amar esto? Y cuando él quiso casarse conmigo y pasar el resto de su vida conmigo, me sentí como la persona más afortunada del mundo." [21]

"Comienza con un comentario fuera de lugar o un insulto, pero muchas veces las víctimas dejan pasar estos momentos. Esto se debe a que la gente abusiva es experta en pretender ser todo lo que habías estado buscando en una pareja, y te 'bombardean de amor' con sus muestras de afecto. Las víctimas tienden a creer que este comportamiento es real y cuando la máscara comienza a caerse, éstas creen que simplemente así es su personalidad y son ellas las que tienen la culpa por haber hecho enojar a su pareja" [22]

¿Qué es lo que más te llama la atención en esta explicación de los patrones de engaño?

_____

_____

_____

_____

_____

Si no tienes un conocimiento sobre el abuso, será muy difícil que reconozcas estas señales de advertencia durante tu relación de noviazgo. Podrás fácilmente confundir su deseo de estar contigo todo el tiempo, como "su manera de amarte" y esto hará que el problema real de control y poder pase desapercibido. Te has enamorado de una ilusión y un engaño del cual él se hizo pasar en lugar del verdadero hombre que él es. Tal vez estabas cansada de sentirte sola; solamente querías sentirte amada o tenías miedo de que ningún otro hombre te fuera a pedir que te cases con él.

¿Recuerdas la primera vez que te diste cuenta de que habías sido engañada? Lee **Señales de Alarma** (Recurso #4B del Proceso de Sanidad)

_____

_____

_____

_____

_____

¿Dónde dirías tú que te encuentras en tu nivel de engaño? Marca una de las opciones a continuación:

- ○ **Aún me siento confundida – estoy aquí para aprender**
- ○ **Puedo detectar *algunos* de los comportamientos controladores**
- ○ **Veo claramente – ¡Lo tengo dominado!**

Silencio y Abuso

El silencio nunca te beneficia como víctima. Solamente beneficia al abusador y da pie a que continúe el abuso. Romper con el silencio es una tarea intimidante debido al miedo, la vergüenza, el querer mantener a la familia unida y no querer afectar la reputación de tu esposo, entre otras razones. Una vez que el secreto ha sido revelado, puedes encontrar ayuda y entonces la puerta quedará abierta para dar lugar a la sanidad. Este es el comienzo de una etapa en la que encontrarás tu voz y plenitud.

Es importante recordar que Dios te ama y nunca quiso que fueras abusada. Shauna Niequist, autora cristiana del libro, *Bittersweet: Thoughts on Change, Grace, and Learning the Hard Way*, escribe, "Cuando las cosas se vienen abajo las piezas rotas permiten que otras cosas entren y una de ellas es la presencia de Dios." [23] ¡Que hermosa representación de lo que significa la esperanza y el consuelo!

¿De qué manera entró la presencia de Dios a tu vida a través de las piezas rotas?

_____

_____

_____

¿Qué es lo que se te hace más difícil al intentar sacar el secreto a la luz dentro de tu comunidad de hermanos en la fe?

_____

_____

Por favor lee **"Retos Espirituales para Romper el Silencio"** (Recurso #4C del Proceso de Sanidad) *después* de que hayas contestado esta pregunta.

Menciona algo que puedas tomar de esta lección y que te ayude en tu proceso de sanidad.

_____

_____

_____

_____

_____

_____

Querido Jesús

Estas son verdades difíciles de procesar porque duele demasiado. Gracias por tu Espíritu Santo, quien es mi Consolador; por Jesús, quien es mi Pastor y por Ti, quien me sostiene mientras descanso en la palma de Tu mano poderosa. Gracias por estar dispuesto y ser capaz de poner las piezas de mi vida de nuevo en su lugar (Colosenses 1:17) y en tal forma que va más allá de lo que pueda pedir o imaginar (Efesios 3:20). Te confío estas áreas de profundo dolor porque Tú tienes cuidado de mi (1 Pedro 5:7).

Por favor sana mi dolor y las heridas en mi corazón y mente derivadas del abuso en mi matrimonio, y aún las de mi pasado. Te pido que por favor hagas lo mismo por mi esposo y mis hijos. ¡Anhelo ser plena y tuya Señor!

En tu Poderoso Nombre, ¡Amén!

Un Paso Fuera del Desierto

EVALÚA los factores que influyen
en tu vida y tus relaciones

Living Waters of Hope

¿Qué te está diciendo Dios a través de estos versos?

_____

_____

_____

Colosenses 1:17 – *"El ya existía antes de todas las cosas y mantiene unida toda la creación."*

Salmo 147:3 – *"Él sana a los de corazón quebrantado y venda sus heridas."*

Salmo 119:50-52 – *"Este es mi consuelo en medio del dolor: que tu promesa me da vida. Los insolentes me ofenden hasta el colmo, pero yo no me aparto de tu Ley. Me acuerdo Señor, de tus leyes de antaño y encuentro consuelo en ellas"*

Afirmaciones Clave de la Lección 4

1. El abuso nace de las relaciones dañadas y heridas no sanadas, al menos del lado del abusador.

2. El abuso puede sucederle a *cualquiera* sin importar condición económica, educación, edad, posición, género o raza.

3. Con el tiempo, el quebrantamiento y las pérdidas en tu vida, afectan quién eres, a medida que la luz de la verdad de Dios se desvanece en la oscuridad de las mentiras que te han dicho.

4. No importa donde te encuentres en tu proceso, aún hay esperanza en saber que Dios puede y quiere poner las piezas de tu vida de nuevo en su lugar.

5. El trauma con el que un niño o una niña crece, o incluso si lo experimentó una sola vez, puede dejar marcas profundas en su mente y corazón.

6. Para el abusador, ese dolor que nunca sanó puede llevar a un comportamiento abusivo hacia su esposa y sus hijos.

7. Hay cinco factores clave que influencian a un hombre abusivo:

1) Trauma de la infancia, 2) Experiencias de la infancia, 3) Religión

4) Cultura Étnica, 5) Pornografía.

8. Ahora, quizá tengas un mejor entendimiento del comportamiento abusivo, aun así, no hay *excusa*.

9. Hay cuatro características generales de los hombres abusivos según el autor y teólogo Steven Tracey: 1) Negación generalizada de la responsabilidad, 2) Engaño audaz, 3) Crítica severa, e 4) Intimidación Calculada.

10. Hay cinco factores clave que influyen para que una mujer se convierta en víctima:

1) Trauma de la Infancia, 2) Cultura y Religión, 3) Príncipe "Encantador",

4) No era tu "Príncipe Encantador" 5) Violación Sexual.

11. Una vez que conquista las fibras más delicadas de tu corazón y a través de la intimidad física y/o el matrimonio, entonces te verá como su posesión y su propiedad.

12. Sé paciente contigo misma mientras navegas este proceso de aprender la verdad sobre el abuso, al mismo tiempo que encuentras sabiduría en la Palabra de Dios.

13. Si no tienes un conocimiento sobre el abuso, será muy difícil que reconozcas estas señales de advertencia durante tu relación de noviazgo.

14. El silencio nunca te beneficia como víctima. Solamente beneficia al abusador y da pie a que continue el abuso.

15. Es importante recordar que Dios te ama y nunca quiso que fueras abusada.

16. No importa en cuantas piezas se haya desmoronado tu vida, recuerda siempre que Dios es quien sostiene todas las cosas (**Colosenses 1:17**).

17. Es Dios quien sanará tu corazón quebrantado y vendará tus heridas (**Salmos 147:3**).

Señales de Alarma

Tú...

- ¿Le tienes miedo a tu pareja la mayor parte del tiempo?

- ¿Sientes que no puedes hacer nada bien?

- ¿Te sientes avergonzada ante el comportamiento de tu esposo hacia ti?

- ¿Piensas que mereces que te hieran o te traten sin ningún respeto?

- ¿Evitas ciertos temas o situaciones por miedo a que tu pareja se enoje?

Tu pareja...

- ¿Te humilla, te critica o te grita?

- ¿Te culpa por su comportamiento?

- ¿Amenaza con lastimarte?

- ¿Amenaza con llevarse a los niños?

- ¿Amenaza con lastimar a tus hijos o a las mascotas?

- ¿Te obliga a tener relaciones sexuales?

- ¿Actúa celoso y posesivo?

- ¿Te prohíbe ver a tu familia y amigos?

- ¿Te limita el acceso al dinero y necesidades básicas?

- ¿No le parece bien que tengas un trabajo o vayas a la escuela?

- ¿Constantemente te está monitoreando?

- ¿Te bloquea el paso cuando tratas de abandonar una discusión?

- ¿Amenaza con quitarse la vida o lastimarse si lo dejas?

Tu amiga o algún familiar ...

- ¿Tiene heridas frecuentes a causa de un "accidente"?
- ¿Frecuentemente o de repente falta al trabajo, escuela o cancela sus planes?
- ¿Recibe llamadas frecuentes de su pareja?
- ¿Le tiene miedo a su pareja o menciona cómo se enoja o se comporta?
- ¿No es asertiva o tiene un comportamiento sumiso?
- ¿Está aislada de sus amigos o familia?
- ¿Tiene recursos insuficientes para vivir (dinero, tarjetas de crédito, coche)?

Señales de alarma cuando hay violencia en noviazgos adolescentes ... para amigos ...

- Su novio/novia le pone apodos o la/lo humilla frente a los demás.
- Su novio/novia se comporta extremadamente celoso(a) cuando habla con amigos del sexo opuesto, aun cuando es algo completamente inocente.
- Tu amiga(o) cancela sus planes con frecuencia.
- Tu amiga(o) con frecuencia se disculpa en nombre de su novio/novia.
- El novio/novia de tu amiga(o) está constantemente checando donde está, ya sea llamando por teléfono o enviando mensajes de texto y pide saber dónde está o a donde ha ido.
- Has visto al novio/novia perder el control, o incluso ponerse violento(a) cuando se enojan.
- Tu amiga(o) siempre está preocupada(o) de no hacer enojar a su novio(a).
- Tu amiga(o) ha renunciado a cosas que antes eran importantes para ella/él, como pasar tiempo con sus amigos u otras actividades, y cada vez se aísla más.
- La apariencia, peso o calificaciones de tu amiga(o) han cambiado drásticamente.
- Tu amiga(o) tiene heridas que no sabe explicar o las explicaciones que da no tienen sentido.

Señales de alarma para padres... Tu hijo...

- ¿Hace cambios en su rutina diaria?

- ¿Se retira de la escuela o de sus actividades?

- ¿Experimenta aislamiento de sus amigos?

- ¿Ha tenido cambios drásticos en su peso, apariencia y calificaciones?

- ¿Cambia de ropa frecuentemente?

- ¿Usa ropa que no va de acuerdo con la temporada para esconder marcas/heridas?

- ¿Tiene marcas o moretones visibles?

- ¿Pasa demasiado tiempo con la persona con la que está saliendo?

- ¿Pasa demasiado tiempo en contacto con la persona que está saliendo a través del celular, computadora o tablet? [24]

Obstáculos para Romper con el Silencio Espiritual

Obstáculos espirituales compartidos por una sobreviviente: También hay otros obstáculos espirituales que hay que superar para dejar el abuso y que son específicos de nuestra comunidad de fe:

- Dudamos mucho en acercarnos o pedir ayuda a personas del "mundo", ¿pues no saben que la amistad con el mundo es enemistad con Dios? (**Santiago 4:4**)

- Tampoco queremos admitir ese tipo de problema, porque nos gusta presentarnos a nosotros mismos – es decir, las iglesias cristianas – como si estuviéramos apartados y haciendo creer a la gente que no nos afectan los problemas del mundo; no queremos ser expuestos y admitir nuestras imperfecciones o darle a nuestra iglesia una mala fama.

- No queremos ser un mal ejemplo para los miembros más jóvenes, o incluso nuestros hijos, si nos rendimos o terminamos con el matrimonio – aún si es un matrimonio abusivo.

- Debido a que el tema del abuso aún sigue siendo tabú entre las iglesias cristianas, sentimos que nosotras somos las que estamos mal o tenemos la culpa porque creemos que somos las únicas viviendo esto.

- No queremos manchar el nombre de nuestro esposo entre nuestros hermanos y hermanas de la fe, o que piensen mal de él, o que sufran la condenación de su familia espiritual y la iglesia. A pesar del abuso, aún los amamos, y preferimos ser nosotras las que sufran a verlos a ellos sufrir.

- No queremos avergonzar a nuestro esposo cristiano o a la comunidad y sentimos que, al hablar del tema, romperemos el silencio y esto traerá vergüenza, en lugar de darnos cuenta de que es precisamente el abuso lo que provoca esa vergüenza. ¿Qué tan frecuentemente el mensajero es culpado por el mensaje?

- Tenemos miedo de que no nos crean aún si alzamos nuestra voz, especialmente cuando nuestro esposo es una persona respetada, tiene un puesto en la iglesia o el hecho de que quizá llegamos a la iglesia como externos y tenemos menor credibilidad en lugar de haber crecido en la 'disciplina y amonestación del Señor.' [25]

Si se
ENOJAN

No pequen...

Efesios 4:26

Lección 5 – Controlando el Enojo

Objetivo: Entender y controlar tu enojo en una forma bíblica y saludable.

Versículo clave: *"'SI SE ENOJAN, NO PEQUEN; no permitan que el enojo les dure hasta la puesta del sol ni den cabida al diablo."* **Efesios 4: 26-27**

Hablemos de esto

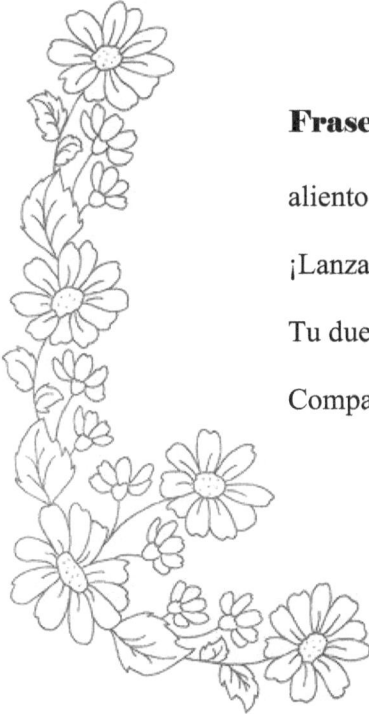

Frase de una hermana: "Dios trae luz en medio de las tinieblas. El sopla aliento de vida y agua viva para que ya no tengamos sed. Ora. Llora. Gime. ¡Lanza gritos de injusticia por todo lo ocurrido y lo que ha resultado! Tu tristeza. Tu duelo. Tu decepción. Dios sabe… Lo sabe. Pero Él busca tener una relación. Comparte tus necesidades. El proveerá todo lo que necesites." — Linda

¿De qué manera te puedes identificar con las palabras de Linda?

_____

_____

_____

Dos Tipos de Enojo

En las lecciones pasadas, hemos hablado del **enojo injusto** por parte de un esposo que ha sido abusivo y cómo esto impacta en tu vida. Por favor entiende que su enojo está equivocado ante los ojos de Dios porque lo usó con malas intenciones. En esta lección, estaremos hablando del **enojo usado de manera correcta** como resultado de haber sido tratada en una forma pecaminosa y no bíblica. **Es importante que en algún momento de tu proceso de sanidad reconozcas y puedas controlar este tipo de enojo. Recuerda, tu enojo no es un pecado, pero puede causar pecado.** Como creyentes, dudamos decir que estamos enojados, pero es una respuesta bíblica al pecado.

Nuestro versículo clave, Efesios 4:26-27, reconoce que hay momentos en los cuales nos vamos a enojar. Lo que importa es lo que hacemos con nuestro enojo. En situaciones de abuso, es difícil resolver un conflicto de manera oportuna o antes de que termine el día. Frecuentemente, el conflicto continúa, lo cual hace difícil el poder saber qué hacer con ese enojo, que es resultado de las ofensas continuas. Algunas mujeres al comienzo de su proceso de sanidad, no se sienten enojadas, pero hay razones suficientes para estarlo. Lo que sí sabemos de nuestro versículo clave es que aferrarte al enojo, te volverá más vulnerable a las influencias negativas de Satanás en tu vida.

¿De qué manera nuestras respuestas equivocadas al enojo le dan a Satanás una oportunidad de hacernos o hacerles daño a otros? (Versículo clave Efesios 4:26-27)

_____

_____

_____

Ira Silenciosa

Muchas mujeres han aprendido a adaptarse al abuso al anestesiar o adormecer sus sentimientos. **Aprendieron de la manera difícil a guardar silencio porque las veces que mencionaban lo que estaba mal o trataban de pedir ayuda, esto solo resultaba en más abuso, culpa y vergüenza.** Algunos hombres aplican la "Ley del Silencio" (trato silencioso) como una forma de controlar, lo cual puede ser igual de pecaminoso y provocar enojo. De cualquier manera, el comportamiento abusivo no solo provoca que pierdas tu voz, sino también la esencia de quién eres y quién Dios te ha creado. Has perdido las palabras de tu corazón. Steven Tracey, autor y teólogo, escribió "Adormecer nuestros sentimientos, anhelos y recuerdos en realidad no los mata; simplemente se vuelven invisibles, más influyentes y menos comprensibles. El trauma, producto del abuso, resulta en vergüenza e impotencia, lo que a su vez puede provocar una muerte emocional peligrosa." [26]

Para algunas de ustedes, otra razón por la que se han sentido perdidas es cuando una iglesia no brinda el apoyo adecuado. Muchas mujeres Oasis han dicho que se sienten victimizadas al "no ser escuchadas". Se sentían "ignoradas" y como si no "validaran su corazón, mente y alma." Palabras como "solamente quédate y ora" con frecuencia las lleva a sentirse aisladas, sin esperanza y en un lugar de mayor silencio.

Hay muchas razones válidas para sentir enojo, ya sea que éste se encuentre en lo profundo de tu corazón o en la superficie. La buena noticia es que ESTÁ BIEN sentir enojo porque significa que el proceso de sanidad está tomando lugar. Mientras comienzas a sentir tu enojo, estarás más en contacto con tus emociones. Esto traerá sanidad y vida a tu alma. Puede que tome tiempo llegar a ese punto y ESTÁ BIEN. Dios entiende tu batalla y quiere restaurarte y llevarte a un lugar de plenitud. Él tiene muchas verdades que te guiarán a través de tu proceso con sabiduría y dignidad. Él es el ÚNICO con quien puedes libremente expresarte y recibir Su amor y gracia.

¿Qué pasó con tus emociones a lo largo del camino? ¿Sientes que te perdiste a ti misma? ¿En qué momento?

_____

_____

_____

_____

_____

_____

Una Respuesta Bíblica

Dios y Jesús son el ejemplo perfecto de cuando el enojo se da por las razones correctas. **Romanos 1:18-19** lo resume de esta manera, *"En verdad, la ira de Dios viene revelándose desde el cielo contra toda impiedad e injusticia de los seres humanos que con su maldad obstruyen la verdad."* Las tres áreas de ofensa mencionadas son 1) impiedad, 2) injusticia, y 3) suprimir u ocultar erróneamente la verdad. En otras palabras, **Dios posee el tipo de enojo correcto hacia aquellos que carecen de respeto y reverencia hacia Él, quienes hacen lo incorrecto ante Sus ojos y quienes no practican Su verdad.** ¿Acaso no son estos comportamientos una representación del abuso? Así pues, **Dios te da permiso de enojarte**. Nuevamente, **lo que verdaderamente importa es lo que hacemos con ese enojo.**

Ten cuidado de no estar tomando el papel de juez y juzgar a tu esposo, ya que ésta es una respuesta no Bíblica y puede aumentar tu nivel de enojo. Se requiere humildad, gracia y una confianza absoluta para soltar las injusticias que has experimentado y dejarlas en las manos de Dios, ya que solamente Él es el verdadero Juez. Dios nos pide que "no devolvamos mal por mal ni insulto por insulto" en **1 Pedro 3:9**. Cuando entiendes esta verdad, tu enojo comenzará a disminuir y se abrirá la puerta hacia tu proceso de sanidad. En una forma similar, **enfocarte en el pasado y volver a vivir las cosas que te pasaron pueden mantenerte esclavizada al enojo. Esto a su vez, puede llevar al resentimiento y amargura en vez de salir adelante.**

Hebreos 12:15 nos advierte, *"Asegúrense de que nadie quede fuera de la gracia de Dios, de que ninguna raíz amarga brote y cause dificultades y corrompa a muchos."* Hay muchas maneras en que Satanás quiere evitar que vivas la vida que Dios tiene para ti.

¿Qué podría ponerse en el camino y evitar que Dios sea único Juez? (¡Todas luchamos con esto!)

_____

_____

_____

Joyce Meyer enseña, "Quizá tengas una buena razón para estar enojada, pero no la uses como excusa para quedarte así. En vez de negar el enojo o justificarlo, pídele a Dios que te ayude a lidiar con esto de una manera positiva." [27] Ella continua,

Romanos 12:21 da un buen consejo: *"No te dejes vencer por el mal, al contrario, vence el mal con el bien."* Cuando Satanás te ataca, en vez de enojarte, bendice a alguien. Responder de una forma positiva es justo lo opuesto a lo que el enemigo quiere que hagas y de esta manera puedes vencer su plan de hacerte enojar. Esto no llega naturalmente, y no siempre es fácil, pero cuando hacemos lo que está en nuestras manos, Dios se encargará de hacer el resto.

Eclesiastés 7:9 - *"No permitas que el enojo domine tu espíritu, porque el enojo se aloja en lo íntimo de los necios."* Si nos aferramos al enojo, simplemente estamos siendo necios. Debemos dejar a un lado el enojo y a las personas que lo causaron y entregárselo a Dios para que Él se encargue.

Romanos 12:19 - *"'Mía es la venganza; yo pagaré' dice el Señor."* Confía en que Dios tendrá cuidado de ti y te protegerá. No puedes cambiar tu pasado, pero cuando se lo entregas a Dios, Él lo usará para darte un mejor futuro. [28] (La autora de Oasis agregó una palabra aclaratoria)

¿Qué te llama la atención de la enseñanza de Joyce Meyer acerca del enojo en la Biblia?

_____

_____

_____

_____

_____

_____

Sanidad y Duelo

Una vez más, es importante reconocer el enojo porque nos indica que los sentimientos están volviendo, lo cual es uno de los signos del proceso de sanidad. Cuando esto sucede, es momento de *¡celebrar!* Aunque puede ser un poco aterrador abrir la puerta a tantos sentimientos que fueron suprimidos, es la transición de muerte emocional a VIDA y SANIDAD. Este proceso toma tiempo y paciencia, sin embargo, el trabajo duro vale muchísimo la pena. Joyce Meyer escribe, "El abuso de cualquier tipo—sexual, físico, verbal, emocional o mental casi siempre lleva al enojo. Todo esto es injusto, por lo que eventualmente la persona abusada queda sintiéndose con mucho enojo e impotencia. El abuso de cualquier tipo no debe ser ignorado. Debemos lidiar con él y procesarlo antes de poder liberarlo." [29]

Parte de tu proceso de sanidad incluye vivir el duelo de todas tus pérdidas. **Por eso es importante saber que el enojo es parte de ese proceso, así como lo es la negación, el negociar con Dios, la depresión y finalmente la aceptación**. Date permiso de lamentar y estar enojada por tus pérdidas. Con el tiempo, serás capaz de recuperar algunas de tus pérdidas y celebrar tus victorias a lo largo del camino. Debes saber que una pérdida en realidad puede abrir la puerta a algo mucho mejor. En general, muchas mujeres lamentan la pérdida de un matrimonio saludable y amoroso, así como la pérdida de un ambiente sano y enriquecedor para sus hijos donde hay una figura paterna saludable.

Experimentando el Duelo y la Pérdida

Muchas mujeres lamentan la pérdida de un matrimonio saludable y amoroso, así como la pérdida de un ambiente sano y enriquecedor para sus hijos donde hay una figura paterna saludable. Encierra en un círculo aquello que has perdido.

Gozo	Dignidad	Familia amorosa	Sana autoestima
Esperanza	Finanzas	Matrimonio saludable	Amor/Confianza
Paz	Libertad	Un Padre sano	Dones/Talentos
Sueños	Creatividad	Amigos/Familia	Salud
Mi voz	Lo que me	Apoyo de la iglesia	Seguridad
Privacidad	apasiona	Modelo a seguir	

Encierra en un círculo aquello que has perdido. **¿Agregarías algo más? ¿Qué has ganado a cambio?**

_____

_____

_____

_____

_____

¿Con quién puedes hablar acerca de estas pérdidas?

_____

_____

_____

_____

El Enojo Controlado

Una vez más, el enojo puesto en el lugar correcto, como una emoción, no es incorrecto. Lo que importa es lo que haces con él. **Aunque tu esposo exprese su enojo de una forma inapropiada, necesitas tener cuidado de no caer en ese mismo patrón.** Si decides alzar tu voz en respuesta a su abuso, eso comúnmente hará que el enojo de tu esposo aumente para poder mantener el control. Esto le puede dar motivos para criticarte frente a otros, incluyendo los niños. También puede pasar que los niños se sientan confundidos y no sepan en realidad quién es el que está enojado y gritando.

Es bueno entender qué es lo que detona tu enojo y cómo manejar esos detonantes con la ayuda de Dios. Cuando comienzas a sentir físicamente tu cuerpo reaccionar durante una conversación irracional o no saludable, si es posible, trata de alejarte de la situación, detén la conversación y retoma la compostura antes de que regreses a la conversación, o bien puedes decidir detenerla por completo. Si no puedes detener la conversación, quédate tranquila y en silencio o al menos di únicamente lo necesario en ese momento. En otras palabras, tu corazón quiere expresar esas emociones, pero tu debes dirigirlas con tu mente. Es como dirigir el tráfico. Algunas palabras pueden avanzar y otras tendrás que detenerlas o redireccionarlas. Dios llama a esto "tomar nuestros pensamientos cautivos" en **2 Corintios 10:5**. Frecuentemente, en el libro de Proverbios, Dios usa el enojo incontrolable y salvaje como la descripción de un necio. Pídele a Dios que te ayude a ser esa mujer llena de "fortaleza y dignidad" como dice Proverbios **31:25**. Busca la sabiduría en **Santiago 1:19 y 20** cuando dice que seamos "prontos para escuchar, pero no apresurarnos para hablar ni para enojarnos, pues el enojo de una persona no produce la vida justa que Dios quiere."

¿Cuáles son algunos detonantes para ti? ¿Cómo reacciona tu cuerpo cuando tienes esos detonantes?

_____

_____

_____

_____

Es sabio considerar formas para controlar e incluso reducir el nivel de tu enojo, así como el estrés que lo acompaña. Esto no es para minimizar tus pérdidas o lo que te han hecho, sino para evitar que tu enojo *te controle* y le *dé a Satanás la oportunidad* de usarlo en tu contra o en contra de otros.

Aquí tienes algunas ideas que pueden ayudarte en esta área:

- Ten expectativas realistas de la persona que te abusa y de la situación.
- Ten discernimiento de lo que puedes controlar y lo que no puedes.
- Ten discernimiento de lo que sí es tu responsabilidad y lo que no lo es.
- Encuentra maneras de establecer límites o abordar los asuntos de seguridad, en la medida de lo posible.
- Cuídate a ti misma – por ejemplo, haz ejercicio, descansa y come sanamente.
- Pon tu energía en algo que te edifique (limpia tu casa, ejercítate, ayuda a una amiga en necesidad, etc.).
- Platica con alguna amiga que pueda entenderte y apoyarte o bien con un consejero(a), pero no te aísles.
- Haz algo divertido y mantén tu sentido del humor – ríe.
- Pasa tiempo con Dios orando, adorándolo, leyendo su Palabra, escuchando música cristiana.

¿En qué áreas te gustaría ser más intencional? ¿Qué más te ha servido de ayuda?
Lee "**Manejo del Enojo, Diez Tips para Controlar tu Enojo**" (Recurso #5B del Proceso de Sanidad).

_____

_____

_____

Además de contar con formas constructivas para lidiar con el enojo y estrés, es importante estar conscientes de las trampas negativas que pueden reflejar una forma de automedicación que incluye áreas de exceso. Por ejemplo, reaccionar de una forma exagerada, compras compulsivas, abuso de sustancias tóxicas, y otras similares. Todos somos vulnerables y podemos ir a los lugares incorrectos cuando nos vemos en una situación de desesperanza y dolor. ¿Qué hizo David cuando se sentía *"sumamente estresado"* en **1 Samuel 30:6** cuando sus seguidores estaban enojados con él sin una justificación y querían matarlo? Dice que él *"se fortaleció en el Señor su Dios."* Esta es una gran manera de tratar de controlar tus emociones.

¿De qué otra manera logró David controlar su enojo de acuerdo con el Salmo 37? (Recurso #5C del Proceso de Sanidad)

_____

_____

_____

Scilla Elworthy es una nominada al Premio Nobel de la Paz en tres ocasiones y ha sido reconocida por su trabajo tratando de resolver el problema de la injusticia y opresión por medio de la no-violencia a nivel global. Ella dice que, "usar violencia es menos efectivo en una situación de injusticia y opresión, ya sea que se trate del niño abusivo en el recreo, una situación de violencia doméstica o un conflicto a nivel mundial." [30] Ten en cuenta que ella no habla desde una perspectiva espiritual, pero lo que dice es verdaderamente poderoso, especialmente si creemos que Dios es la fuente de nuestro "poder interno."

1. Desarrollando tu poder interno a través del autoconocimiento – En primer lugar, el cambio que debe ocurrir tiene que ocurrir en mi interior. Lo que yo sí puedo controlar es mi actitud y mi respuesta a la opresión, yo sí puedo hacer algo al respecto. Lo que necesito desarrollar es autoconocimiento para hacerlo. Esto significa que necesito saber cuál es la forma en que yo me desenvuelvo… ¿dónde están mis fortalezas?, ¿dónde están mis debilidades?, ¿en qué momento cedo? ¿a qué me voy a aferrar y defender?

2. Reconociendo y trabajando en nuestro enojo – Mi miedo crecerá entre más lo alimente. Por eso, debo entenderlo para poder dominarlo.

3. Usando el miedo como combustible – Cada vez que hay injusticia, hay enojo. El enojo es como la gasolina. Cuando lo rociamos entre la gente y alguien lo prende, se convierte en un infierno. PERO el enojo (gasolina) en un motor es poderoso. Nos puede llevar a nuestro destino. Nos ayuda a atravesar los momentos terribles."

¿A dónde se va la energía que proviene de tu enojo? ¿Cómo lo has usado para que te lleve hacia tu destino?

_____

_____

_____

Menciona algo que puedas tomar de esta lección que te pueda ayudar en tu proceso de sanidad.

_____

_____

_____

Tarea para tu Proceso de Sanidad: Por favor lee **"Oración para el Señor"** por Ruth Myers, (Recurso #5D del Proceso de Sanidad) para que recibas mayor aliento.

Querido Jesús,

Tú me creaste para tener sentimientos justo como los tienes tu. Si éstos se han escondido a causa de mi intento por defenderme, por favor ayúdame a encontrarlos nuevamente de una manera segura. Tú sabes cómo he sido tratada y conoces las pérdidas que he tenido, así como las heridas derivadas de mi dolor. Tú te enojas ante ese comportamiento pecaminoso y esperas que yo haga lo mismo. Ayúdame a controlar mi enojo para no caer en pecado y no darle a Satanás una oportunidad para hacerme caer.

Ayúdame a poner mi enojo a los pies de tu trono y a cambio encontrar Tu misericordia, tu gracia y tu paz para mi corazón. Ayúdame a usar la energía emocional de mi enojo para que mi sanidad camine en la dirección correcta. Gracias por ser el único y verdadero Juez y para no tener que serlo yo.

¡En Tu Poderoso Nombre, Amén!

Un Paso Fuera del Desierto

RECONOCE tu enojo y aprende a
MANEJARLO correctamente

Living Waters of Hope

¿Qué te dice Dios a través de estos versos?

_____

_____

_____

Proverbios 17:27 – *"La que es entendida refrena sus palabras; la que es prudente controla sus impulsos."*
(Se usó el pronombre femenino para darle énfasis a la cita.)

Eclesiastés 7:9 – *"No permitas que el enojo domine tu espíritu, porque el enojo se aloja en lo íntimo de los necios.."*

Marcos 4:22 - *"No hay nada escondido que no esté destinado a descubrirse; tampoco hay nada oculto que no esté destinado a ser revelado públicamente."*

Afirmaciones Clave de la Lección 5

1. En algún momento de tu proceso de sanidad, es importante que reconozcas el enojo derivado de la injusticia y el daño que has soportado, así como las pérdidas que has experimentado.

2. Has aprendido de la manera difícil a guardar silencio porque las veces que mencionabas lo que estaba mal o tratabas de pedir ayuda, esto solo resultaba en más abuso, culpa y vergüenza.

3. Tu silencio y sumisión es justo lo que tu esposo quiere porque él es el único que se beneficia de ese silencio dentro y fuera de tu hogar.

4. La desventaja cuando constantemente tratas de mantener la paz es que solo permites que el abuso continúe, especialmente si no se han establecido límites efectivos.

5. Hay muchas razones válidas para sentir enojo, ya sea que se encuentre en lo profundo de tu corazón o en la superficie.

6. Dios posee el tipo de enojo correcto hacia aquellos que carecen de respeto y reverencia hacia Él, quienes hacen lo incorrecto ante Sus ojos y quienes no practican Su verdad.

7. Dios te da permiso de enojarte por las cosas que lo ofenden y lastiman a otros. Es lo que hacemos con ese enojo lo que verdaderamente importa.

8. Estar a los pies del trono de Dios es un lugar seguro y poderoso donde puedes encontrar no solo su gracia y misericordia, sino también su ayuda y su justicia.

9. Ten cuidado de no estar tomando el papel de juez y juzgar a tu esposo, ya que ésta es una respuesta no Bíblica y puede aumentar tu nivel de enojo.

10. Enfocarte en el pasado y volver a vivir las cosas que te pasaron pueden mantenerte esclavizada al enojo. Esto a su vez, puede llevar al resentimiento y amargura en vez de salir adelante.

11. Es importante reconocer el enojo porque nos indica que los sentimientos están volviendo, lo cual es uno de los signos del proceso de sanidad.

12. Mientras identificas y vives el duelo por tus pérdidas, experimentarás una sensación de negación, enojo, tratar de negociar con Dios, depresión y aceptación.

13. Aunque tu esposo exprese su enojo de una forma inapropiada, necesitas tener cuidado de no caer en ese mismo patrón.

14. Es sabio considerar formas para controlar e incluso reducir el nivel de tu enojo, así como el estrés que lo acompaña.

15. El enojo utilizado de manera constructiva te puede ayudar de manera saludable a salir del desierto hacia el manantial de agua viva, mientras descubres quién eres a los ojos de Dios.

16. A medida que continúe tu proceso, experimentarás la sanidad y descubrirás quién es esa persona que Dios realmente ha diseñado.

Manejo del Enojo
10 Tips para Controlar tu Enojo

1. **Piensa antes de hablar:** En el calor del momento es fácil decir algo que después puedes lamentar. Toma unos minutos para ordenar tus pensamientos antes de decir algo — y permite que los demás puedan hacer lo mismo.

2. **Una vez que estás en calma, expresa tu enojo:** Ya que tengas tus pensamientos en orden, expresa tu frustración en una forma asertiva, pero sin confrontar. Menciona lo que te inquieta y lo que necesitas de una manera clara y directa sin lastimar a los demás o tratar de controlarlos.

3. **Haz algo de ejercicio:** La actividad física puede ayudar a reducir el estrés que te causa estar enojada. Si sientes que tu enojo está aumentando, sal a correr o dar una caminata, o bien puedes hacer algún otro tipo de actividad física.

4. **Toma un descanso:** Toma pequeños descansos durante los momentos del día cuando más te sientes estresada. Unos minutos de tiempo en silencio pueden ayudar a sentirte mejor preparada para saber manejar lo que se viene sin sentirte irritada o enojada.

5. **Identifica las soluciones posibles:** En lugar de enfocarte en lo que te hizo enojar, trabaja en tratar de resolver lo que está en tus manos. ¿Tu pareja llega tarde a cenar cada noche? Planea las cenas un poco más tarde — o acuerden cenar por separado algunos días de la semana. Recuérdate a ti misma que el enojo no va a solucionar nada y quizá solo empeore las cosas.

6. **Usa frases que comiencen con "Yo":** Para evitar la crítica o echar culpas — lo cual solo aumentará la tensión — usa frases que comiencen con "Yo" para describir el problema. Sé respetuosa y directa. Por ejemplo, puedes decir, "Yo estoy enojada porque te levantaste de la mesa sin ofrecer tu ayuda para lavar los trastes", en vez de "Tú nunca ayudas en la casa."

7. **No guardes rencor:** El perdón es una herramienta poderosa. Si permites que el enojo y otros sentimientos negativos desplacen a los sentimientos positivos, te verás envuelta en tu propia amargura y sensación de injusticia. Si puedes perdonar a alguien que te hizo enojar, puedes aprender de la situación y fortalecer tu relación.

8. **Usa el humor para liberar la tensión:** Hacer más ligera la situación puede ayudar a disipar la tensión. Usa el humor para ayudarte a enfrentar lo que te está haciendo enojar y, posiblemente, cualquier expectativa poco realista que tengas sobre cómo deberían de ser las cosas.

9. **Practica técnicas de relajación:** Cuando tu temperamento estalle, pon a trabajar tus técnicas de relajación. Practica ejercicios de respiración profunda, imagina una escena relajante, o repite alguna palabra o frase que te tranquilice, como "Tómalo con calma." También puedes escuchar música, escribir en tu diario o hacer algunas posiciones de yoga — lo que sea que te ayude a relajarte.

10. **Aprende a pedir ayuda:** Aprender a controlar la ira es a veces un reto para todos. Busca ayuda en esos momentos de enojo si sientes que se sale de control, si te causa hacer cosas que luego lamentarás o si lastima a los que están a tu alrededor. [31]

Lecciones Aprendidas de David en el Salmo 37

Basándonos en la fe en Dios que tenía David y su experiencia con la traición, injusticia y huir por su vida. (Algunos versículos han sido personalizados y parafraseados.)

Cómo Manejar tus Emociones:

- **No te enojes*** a causa de los malvados (versículo 1)
- **No seas envidiosa** hacia los malhechores (v. 1)
- **Confía en el Señor** y **haz el bien** (v. 3)
- **Mantente fiel** (v. 3)
- **Deléitate en el Señor** (v. 4)
- **Encomienda al Señor tu camino** (v. 5)
- **Confía en Él** (v. 5)
- **Descansa en el Señor** (v. 7)
- **Espera en Él con paciencia** (v. 7)
- **No te enojes** (v. 7) *[32] ante el éxito de otros, de los que maquinan planes malvados.
- **Refrena la ira** (v. 8)
- **Deja la furia** (v. 8)
- **No te enojes*** pues esto conduce al mal (v. 8)
- **Espera en el Señor** (v. 34)
- **Sigue Su camino** (v. 34)
- **Refúgiate en Él** (v. 40)

> *La palabra **"enojo"** en este Salmo se refiere a un *enojo muy profundo*

Lo que Dios Quiere Hacer por Ti como Su Hija

- **Revelar** su justicia (v. 6)

- **Darte** una justa causa (v. 6)

- **Sostenerte** (v. 17)

- **Ama** hacer justicia por ti (v. 28)

- **No te abandonará** (v. 28)

- **Fortalecerte** en tiempos de angustia (v. 39)

- **Ayudarte** y **librarte** de los malvados,
  y **salvarte** (v. 40)

- **¿Por qué? Porque en Él tomas refugio** (v. 40)

Una Descripción del Justo (tú) que Cree en Cristo

- Mas vale lo poco de un justo que la abundancia de muchos malvados. (v. 16)

- **No serás avergonzada** en los tiempos difíciles. (v. 19)

- Tus pasos son afirmados por el Señor, y le agrada tu modo de vivir. (v. 23)
  Podrás tropezar, pero no caerás, porque el Señor te sostiene de la mano. (v. 24)

- Tu boca imparte sabiduría y tu lengua proclama la justicia. (v. 30)

- La Ley de Dios está en tu corazón; y tus pies jamás resbalan. (v. 31)

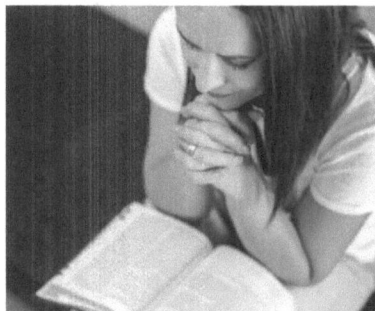

Una Oración al Señor

Mi corazón se regocija en Ti, Señor, porque Tú eres mi refugio seguro,

en tiempos de aflicción, peligro y estrés,

eres mi escondite a donde puedo recurrir continuamente…

Mi Padre quien amorosamente me provee… mi Pastor que me guía y me protege…

Mi Campeón que defiende mi causa como Su hija y defiende mis más grandes intereses…

Mi Esposo que se deleita en mi…mi Dios que es poderoso para salvar,

que descansa en Su amor por mí y se deleita en mi con cánticos, y gritos de alegría...

Tu eres mi herencia, mi porción en la vida,

Aquel que satisfice mi alma sedienta

y llena mi alma hambrienta con Su bondad.

Te alabo por Tu amor y Tu sabiduría.

Eres "demasiado sabio para cometer errores, demasiado amoroso para hacer algo cruel" …

Actúas en mi nombre y te ocupas de lo que me concierne, cumpliendo Tu propósito en mí,

mientras clamo Tu nombre… Gracias por amarme tiernamente y de una manera profunda…

Eres compasivo y lleno de gracia, Tu bondad es incomparable,

Siempre dispuesto a perdonar, paciente y considerado, generoso más allá de la imaginación…

Anhelas mi amor y te regocijas haciendo cosas buenas por mi…

Te deleitas en darme los deseos de mi corazón y yo me deleito en Ti.

Que precioso es Tu amor para mí, ¡Oh, Dios!

Canto con gozo mientras me refugio a la sombre de Tus alas. [33]

Versículos usados en esta oración:

Primer Párrafo – Salmo 27:5, 71:3, 91:1-2; Mateo 6:25-26; Salmo 23:1-3; Isaías 62:5b; Sofonías 3:17-18; Salmo 16:5-6, 107:9

Segundo Párrafo – Salmo 57:2, 138:8, 86:5, 103:8, Mateo 22:37; Jeremías 32:41; Salmo 37:4, 36:7, 63:77

Mis ojos están
puestos siempre
en el Señor,
Pues solo
Él puede
sacarme de la trampa.

Salmo 25:15

Lección 6 – Desenredando el Enredo

Objetivo: Reconocer y saber por qué es difícil dejar una relación no saludable

Versículo clave: *"Mis ojos están siempre puestos en el Señor, pues solo Él puede sacarme de la trampa."* **Salmo 25:15**

Hablemos de esto

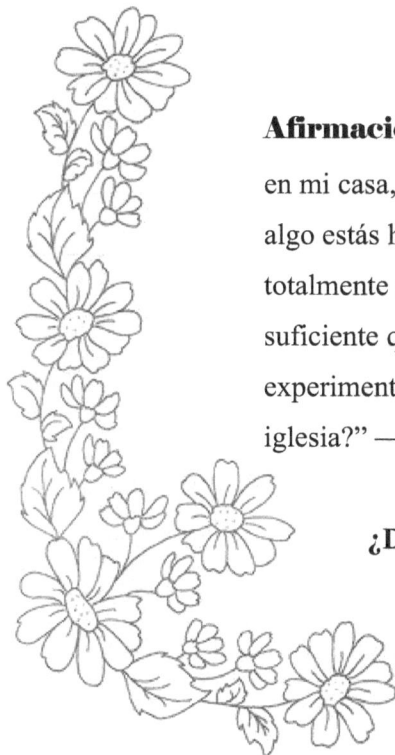

Afirmación de una hermana: "Cada vez que yo describía la locura que sucedía en mi casa, personas bien intencionadas me decían con incredulidad: "Seguramente algo estás haciendo para provocar a tu esposo y recibir esa respuesta". Me sentí totalmente sola porque nunca nadie había visto lo que estaba viviendo. No parecía suficiente que, en mi corazón, El Espíritu Santo me convencía de que lo que yo estaba experimentando estaba mal. Tenía miedo. ¿Qué iba a pensar mi pastor, ancianos y mi iglesia?" — Patti

¿De qué manera te puedes identificar con Patti?

_____

_____

_____

Entendiendo el Enredo

Cuando algunas personas escuchan sobre abuso doméstico y las estadísticas e historias alarmantes, hay una pregunta que siempre hacen, "¿por qué ella sigue ahí?" o, dicho de otra manera, "¿por qué no lo deja?"

Como bien sabes, estas simples preguntas, que frecuentemente se hacen por falta de entendimiento, tienen una respuesta sumamente complicada. En esta lección hablaremos de las complejidades de este tema ya que tú misma quizá te hagas también esta pregunta. Una sobreviviente Oasis compartió, "estaba tan enredada en la relación."

¿Cuáles fueron algunas de las razones por las que Patti tenía miedo de pedir ayuda? ¿Has experimentado esto?

_____

_____

_____

_____

¿Cuáles pueden ser otras razones para quedarse según el poema "Por qué ella se queda"?
(Recurso #6B del Proceso de Sanidad)

_____

_____

_____

Enredo (Enmeshment) significa: "Enredarse en algo como una red. Algunos sinónimos son enmarañar, enzarzar o quedar atrapada". [34] **Es muy fácil quedar atrapada en la red del abuso, pero sumamente difícil liberarse de ella.** Damos la gloria a Dios que Él es capaz de liberarnos de esa red como dice el **Salmo 25:15** (versículo clave). Ya sea que decidas quedarte o irte, es importante que entiendas esta dinámica por el bien de tu salud emocional y espiritual. **En una relación abusiva, estas conexiones tan fuertes y complejas unen a dos personas en muchos niveles y reflejan diferentes grados de lo que significa una relación no saludable.** Es como si fueran fibras tejidas en una cinta adhesiva que son casi imposibles de separar.

Aunado a eso, cualquier fibra emocional o psicológica no saludable que esté entretejida en tu relación, es muy difícil de desenredar en medio de tantas dudas, intimidaciones y miedo. Cuando vives en lo que algunos llaman "neblina mental", sin ningún tipo de ayuda, es casi imposible discernir la verdad de las mentiras, y el pensamiento y comportamiento racional del irracional. Comienzas a tener una mentalidad de desesperanza y pasividad, lo cual solo lleva a un mayor abuso, causando que te sientas aún más atrapada. **Dicho esto, este tipo de enredo puede comprometer tu seguridad, tus valores, traicionar tu amor y afectar negativamente otras**

áreas de tu vida. Es difícil tener una relación saludable con una persona no saludable que no tiene tu mejor interés en mente.

El enredo no se debe confundir con la unión Bíblica, aunque puedas tener sentimientos de amor hacia tu esposo. La unidad Bíblica implica conexiones saludables e intimidad emocional que son reflejadas en un amor y respeto *mutuo*. Aún en la resolución de conflictos, ambos esposos están trabajando juntos en sus asuntos porque existe una conexión positiva en la relación.

¿Cuáles son las diferencias más grandes entre la unidad Bíblica y el enredo no saludable?

_____

_____

_____

Miedos Justificados

El **miedo** es parte de la mayoría de las relaciones no saludables y también es un indicador de que algo no está bien. Es la razón de por qué muchas mujeres se quedan en una relación abusiva, pero también puede ser lo que las lleve a un lugar seguro. Hay muchas razones para sentir miedo, tales como, 1) miedo a tu esposo, 2) lo que otros puedan pensar si se enteran del abuso, 3) el futuro incierto si decides irte, 4) lo que pueda hacer tu esposo, entre otras razones. Quizá tengas miedo a que no te crean, lo cual, desafortunadamente, sucede muy seguido en nuestra comunidad de la fe. Estas preocupaciones y miedos son válidos. Así que, **cuando el miedo de quedarte se vuelve más grande que el miedo de irte, entonces una mujer está seriamente pensando en ir a un lugar más seguro.**

Nadie debería vivir con miedo en ninguna relación, especialmente dentro del matrimonio. Este no es el diseño de Dios o Su deseo para ninguno de Sus hijos. Esta verdad la vemos en **1 Juan 4:18,** *"En el amor no hay temor, sino que el amor perfecto echa fuera el temor. El que teme espera el castigo."* **El amor que Dios quiere que demos a los demás no castiga, al contrario, echa fuera cualquier miedo o castigo.** Además, el amor que Dios pide de un esposo hacia su esposa en Efesios 5:25 es el mismo tipo de amor que Cristo tiene para la iglesia: **incondicional y sacrificial.**

En una relación abusiva, el amor de un esposo es condicional, basado en el comportamiento y es sumamente egoísta. Es una situación de perder-perder para una esposa porque él constantemente cambia de opinión, lo cual resulta en castigo y temor. Esto no es nada saludable ni bíblico y además es muy destructivo. Todo se trata de tener el poder y control sobre ti, lo cual no honra a Dios, ni a ti misma o a tus hijos, si es que están presentes.

¿Cuáles son algunas cosas que hacen que tengas miedo, (sea que estés dentro o fuera del matrimonio)?

_____

_____

_____

_____

¿Por qué Ella se Queda?

Esta conexión no saludable puede darse en diferentes niveles y se vuelve una red de emociones y conflictos muy difícil de desenredar. Estos son algunos factores para considerar:

Razones matrimoniales: (Con lo que una mujer puede batallar dentro del contexto de matrimonio.)

• Lo amas por ser tu esposo	• Te aferras a la esperanza de que quizá esté cambiando (Ciclo del Abuso)
• Quieres ayudarlo	• Hiciste un juramento ante Dios
• Quieres que tu matrimonio funcione	• Crees que puedes hacer que funcione si sigues intentando.
• Deseas proteger su reputación	
• Hay algunos momentos buenos	• No quieres ser una mujer divorciada
• Él te ayuda o te provee	• Quieres estar casada, no soltera
• Él tiene problemas de salud	

¿Con cuáles de estas razones te puedes identificar o sientes que son parte de tu historia?

_____

_____

_____

_____

_____

Razones internas: (Con lo que una mujer puede batallar dentro de su mente.)

• Tolerancia al abuso	• Negación o minimización del abuso
• Abandono aprendido	• No es capaz de tomar decisiones
• Impotencia	• Miedo a pedir ayuda
• Razones espirituales	• Depresión/ansiedad/TEPT/cansancio
• Vergüenza	• Vergüenza/culpa/sentido de fracaso
• Baja autoestima	• Presión por medio de amenazas
• Desesperanza	• No crees que merezcas algo mejor
• Miedo	• Falta de conocimiento sobre el abuso doméstico
• Vínculo del trauma	• No eres capaz de verte a ti misma como víctima
• Codependencia	• Confusión sobre tu matrimonio (Ciclo del abuso)

Razones Externas: (Con lo que una mujer puede batallar viniendo de otros, incluyendo su esposo.)

• Niños/Mascotas	• Un pastor o líder te dijo que te quedaras
• No tiene donde hospedarse	• Un amigo/familiar/ consejero dijo que te quedaras
• Ninguna red de apoyo	• A tu familia/ a ti te agrada él
• No tiene un auto/transporte	• Tu cultura y costumbres te impiden dejarlo
• No tiene trabajo/recursos	• Él te dice que no podrías vivir sola
• Uso de alcohol/drogas	• Él te dice que nadie más te va a querer
• Problemas de salud	• Él te dice que va a suicidarse/matarte, si lo dejas

¿Con cuáles de estas razones externas te puedes identificar?

_____

_____

_____

_____

_____

No hace falta decir que hay muchas cosas en las que debemos trabajar y esto puede hacerte sentir abrumada, pero la buena noticia es que no tienes que hacerlo sola. El Espíritu Santo te guiará a lo largo de tu proceso de sanidad con Su verdad y Su fuerza. Aún si ya estás fuera de una relación abusiva, puede que aún estés lidiando con algunas de estas preocupaciones.

Eso fue demasiada información, queridas. Tomen un respiro y lean Mateo 11:28-29.

Vengan a mí todos ustedes que están cansados y agobiados; yo les daré descanso. Carguen con mi yugo y aprendan de mí, pues yo soy apacible y humilde de corazón, y encontrarán descanso para sus almas.

Mateo 11:28-29

Vínculo Traumático y Codependencia

Es necesario detectar y romper el vínculo traumático, ya sea que te quedes en la relación o no. **Éste es un apego no saludable e irracional hacia otra persona causado por un trato positivo intermitente y un comportamiento negativo.** Este vínculo es el resultado de la naturaleza cíclica del abuso como lo describe el Ciclo del Abuso en la Lección 2. En el artículo de Jen Rockefeller que habla sobre amar a alguien que te lastima: "Dan a sus víctimas migajas de afecto, y luego las toman por sorpresa abusando intensamente de ellas, solo para regresar al hombre amoroso del cual la víctima se enamoró en un principio. En los momentos cuando el abuso es demasiado intenso, las víctimas con frecuencia piensan que tal vez tengan la fuerza para irse, a pesar de amar tanto a su abusador. Pero luego el abusador vuelve a ser encantador y promete ir a terapia, ser amoroso e intentar resolver la situación. Cuando hace esas "promesas", la víctima se aferra a la esperanza de que los buenos tiempos regresarán y que la persona de la que en un inicio se enamoró, regresará." [35] Es importante reconocer y romper este tipo de vínculo porque solo lleva a la pérdida de uno mismo, así como a una realidad distorsionada y un falso sentido de esperanza. **Cuando buscas a Dios para que sacie tus necesidades más grandes en vez de que lo haga tu esposo, ese vínculo que te mantiene en un lugar no saludable comenzará a debilitarse y serás capaz de encontrarte a ti misma nuevamente.** La codependencia puede ir de la mano con el vínculo traumático.

¿Sientes que estás luchando con el vínculo traumático? Si es así, puedes leer "10 Pasos para Recuperarte del Vínculo Traumático Tóxico" (Recurso #6C del Proceso de Sanidad).

_____

_____

_____

Definiendo la Codependencia: Has escuchado que la codependencia está relacionada al alcoholismo y el abuso de drogas, pero es más que eso cuando hablamos del abuso doméstico. La codependencia es "una relación de ayuda disfuncional en la que una persona apoya o permite la adicción, la mala salud mental, la inmadurez, irresponsabilidad o el bajo rendimiento de la otra persona. Entre las características más importantes de la codependendencia, el tema más común es una dependencia excesiva en otras personas para obtener aprobación y un sentido de identidad." [36] Las mujeres que aún no aprenden quienes son, tienden a depender de alguien más que les de valor e identidad. **Al no tener un sentido de sí misma y valores establecidos, es muy difícil o incluso imposible que una mujer pueda establecer límites saludables en una relación.**

Curiosamente, incluso si comenzaste la relación siendo una mujer con un pensamiento saludable, puedes volverte codependiente después de recibir un trato poco saludable que tiene como consecuencia la pérdida del sentido de valor propio. Para algunas de ustedes, la compasión puede haber sido un factor motivador, pero la falta de límites saludables solo te vuelve más vulnerable. Para otras mujeres, fue más fácil encontrar un hombre al que podías "arreglar" para no enfrentar tus propios asuntos y problemas.

Esta semana, date un tiempo de leer **"Signos de la Codependencia"** y **"Pasos para salir adelante"** (Recurso #6D y #6E del Proceso de Sanidad) para aprender más acerca de los signos de la codependencia y los pasos para salir adelante, si sientes que esto es algo en lo que debes trabajar.

Niños y Trauma

En los hogares donde hay niños, la decisión de quedarse o irse es mucho más complicada Algunas mujeres deciden tratar de mantener la familia unida por sus hijos mientras que otras mujeres toman la decisión de buscar un ambiente más seguro para proteger a sus hijos. Esta es una decisión personal. De cualquier forma, es importante entender los efectos del abuso en los niños ya sea que estén presenciando el abuso o también estén siendo abusados. **Los niños en hogares abusivos se ven afectados de manera emocional, espiritual, psicológica, neurológica y física.**

Es sorprendente ver que algunos niños tienen un mayor vínculo traumático con su padre de lo esperado. Ya sea que tú y tu esposo estén juntos o no, el vínculo traumático puede provocar que sea difícil para el niño alzar su voz, establecer límites y testificar en contra de su padre ante una corte a pesar de ser tratado de manera negativa. Es comprensible que muchos niños deseen el amor y la aceptación de su padre. Por favor lee **"Los Niños y la Rueda de la Violencia Doméstica"** (Recurso #6F del Proceso de Sanidad), para detectar signos de trauma en los niños.

¿Qué cosas te preocupan acerca de tus hijos?

_____

_____

_____

_____

Decidiendo si Debes Quedarte o Irte

Si estás viviendo con tu esposo, **el decidir si debes irte y cuándo hacerlo es una decisión personal y necesitas la dirección de Dios.** Una vez más, cuando una mujer decide irse es porque el miedo de quedarse superó el miedo de irse. **Cada situación es única, y nadie puede o debe tomar esa decisión por ti.** Tú eres la única que conoce las características de tu esposo y cómo han sido afectados tus hijos si viven en el hogar. Estos factores y los ya mencionados anteriormente juegan un papel muy importante en tu decisión.

Ya sea que te quedes o decidas irte, es imprescindible que tengas una red de apoyo aún si es solo una persona que cuide de ti. Con el tiempo, esta red de apoyo puede incluir amigos, familia, recursos basados en la fe, consejeros, comunidades de mujeres y lo ideal sería que tu iglesia también. Es muy importante tener una persona que conozca del tema con quien puedas platicar y alguien que te crea y pueda ayudarte a procesar tus pensamientos y decisiones. Durante este tiempo, es crucial que puedas discernir en quién puedes confiar para evitar más dolor y permanecer segura en tu matrimonio. Necesitarás la fuerza del Señor y tu fe sin importar lo que decidas. "No es fácil dejar a alguien que amas. No es fácil irte cuando no tienes a donde ir. No es fácil irte cuando te amenazan. No es fácil irte cuando recuerdas cómo eran antes las cosas o cómo te decían cosas románticas en los tiempos buenos, o cuando prometen que ésta será la última vez. Porque crees en el amor, y crees en ellos." [37]

¿Qué te llama más la atención de esta frase?

_____

_____

_____

_____

_____

_____

Lundy Bancroft escribe en su libro *Cuando papá lastima a mamá*, "Sin embargo, recuerda que, si tienes que preguntarte a ti misma '¿realmente es tan malo?', eso por sí solo es una señal muy evidente de que la respuesta quizá sea 'sí.' Ten en cuenta también que el problema de un hombre abusivo no se va hasta que él decida lidiar con él de manera directa, honesta y valiente." [38] Si tú crees que Dios te está guiando a buscar un lugar más seguro y saludable, es mejor tratar de mantener el "estatus quo" dentro de la relación mientras arman un plan detallado juntos, si es que el tiempo lo permite. Mientras mejor sea tu plan financiero y de seguridad cuando decidas irte, mayor éxito tendrás en mantenerte firme y a salvo. **Si Dios te está guiando hacia una separación, esto podría ser lo más amoroso que Dios haga por ti y tu esposo. Terminará con el abuso, siempre *y cuando* tengas un plan de seguridad y límites bien establecidos.** Dicho esto, el abuso no cesará completamente.

Toma aliento en saber que no estás sola en esta decisión como lo dice **Proverbios 3:5-6**; "Confía en el Señor de todo corazón y no te apoyes en tu propia inteligencia. Reconócelo en todos tus caminos y Él enderezará tus sendas." (Nota: Encuentra más información en cómo navegar exitosamente una separación en el *Estudio Bíblico Oasis – Libro 2 – Encontrando la Verdad y tu Fortaleza*.)

¿Cuáles son tres cosas que Dios te pide en este versículo para permitir que Él te guíe?

_____

_____

_____

_____

_____

_____

**Confía en el Señor
de todo corazón y no te apoyes
en tu propia inteligencia.
Reconócelo en todos
tus caminos y
Él enderezará
tus sendas.**

Proverbios 3.5-6

¿Cuál es una verdad de la lección de hoy que te puede ayudar en tu proceso de sanidad?

_____

_____

_____

_____

_____

_____

Un Paso Fuera del Desierto

DESENREDANDO el enredo

Querido Jesús,

Ya sea que esté con mi esposo o no, ayúdame a vivir en la libertad espiritual que Tú tienes para mí a través de la verdad de Tu Palabra. Tú sabes que hay momentos donde me siento abrumada por todo lo que estoy viviendo. Ayúdame a superar mis miedos y a reconocer cuando éstos en realidad me están protegiendo. Gracias por mostrarme que el amor que proviene de ti no lastima a otros. Te pido me des Tu sabiduría y discernimiento para confirmar si debo irme o quedarme. Fortalece mi fe mientras me guías de acuerdo con tu voluntad.

Oro que Tu mano sanadora me ayude a verme como Tú me ves. Gracias por decirme que sea fuerte y valiente y a no temer ni desmayar porque tú estás conmigo donde quiera que vaya (Josué 1:9).

¡En tu nombre poderoso, Amén!

Living Waters of Hope

¿Cuáles son tres cosas que Dios quiere darte de acuerdo al Salmo 16:11?

"Me has dado a conocer el camino de la vida; me llenarás de alegría en tu presencia y de dicha eterna a tu derecha."

_____

_____

_____

_____

¿Qué te está pidiendo Dios no hacer? ¿Qué te promete Dios hacer por ti?

Isaías 41:10 – *"Así que no temas, porque Yo estoy contigo; no te angusties, porque Yo soy tu Dios. Te fortaleceré y te ayudaré; te sostendré con la diestra de mi justicia."*

_____

_____

_____

_____

¿Quién es tu fuente de fortaleza en Filipenses 4:13? *"Todo lo puedo en Cristo que me fortalece."* (La palabra griega para 'fortalece' significa "poner poder en".)

_____

_____

_____

_____

Afirmaciones Clave de la Lección 6

1. Es muy fácil quedar atrapada en la red del abuso, pero sumamente difícil liberarse de ella.

2. En una relación abusiva, estas conexiones tan fuertes y complejas unen a dos personas en muchos niveles y reflejan diferentes grados de lo que significa una relación no saludable.

3. Dicho esto, este tipo de enredo puede comprometer tu seguridad, tus valores, traicionar tu amor y afectar negativamente otras áreas de tu vida.

4. El enredo no se debe confundir con la unión Bíblica, aunque puedas tener sentimientos de amor hacia tu esposo.

5. Para muchas mujeres, cuando el miedo de quedarse se vuelve más grande que el miedo de irse es cuando están pensando seriamente en ir a un lugar más seguro.

6. El amor que Dios quiere que demos a los demás no castiga, al contrario, echa fuera cualquier miedo o castigo.

7. No hace falta decir que, hay muchas cosas en las que debemos trabajar y esto puede hacerte sentir abrumada; pero la buena noticia es que no tienes que hacerlo sola.

8. El Espíritu Santo te guiará a través de tu proceso de sanidad con la Verdad y con Su fuerza.

9. Un vínculo traumático es un apego no saludable e irracional hacia otra persona causado por un trato positivo intermitente y un comportamiento negativo.

10. Es importante reconocer y romper este tipo de vínculo porque solo lleva a la pérdida de uno mismo, una realidad distorsionada y un falso sentido de esperanza.

11. Cuando buscas a Dios para que sacie tus necesidades más grandes en vez de que lo haga tu esposo, el vínculo que te mantenía en un lugar no saludable comenzará a debilitarse y serás capaz de encontrarte a ti misma nuevamente.

12. Al no tener un sentido de sí misma y valores establecidos, es muy difícil o incluso imposible que una mujer pueda establecer límites saludables en una relación.

13. Los niños en hogares abusivos se ven afectados de manera emocional, espiritual, psicológica, neurológica y física.

14. El decidir si debes irte y cuando hacerlo es una decisión personal y necesitas la dirección de Dios.

15. Cada situación es única y nadie puede o debe tomar esa decisión por ti.

16. Ya sea que te quedes o decidas irte, es imprescindible que tengas una red de apoyo aún si es solo una persona que cuide de ti.

17. Si Dios te está guiando hacia una separación, esto podría ser lo más amoroso que Él haga por ti y tu esposo.

18. Una separación terminará con el abuso, *siempre y cuando* tengas un plan de seguridad y límites bien establecidos.

Por qué Ella se Queda

Ella se queda porque creía en los cuentos de hadas como Blanca Nieves o Cenicienta.

Se queda porque cree en los sueños,

porque sus hijos necesitan un hogar, ropa y comida.

Se queda porque es su hogar también.

Se queda porque ella y sus hijos tienen una vida, así como familias e historias.

Se queda porque se siente sumamente responsable e inmensamente cargada.

Se queda porque no quiere que su familia se quiebre.

Se queda porque ha visto el lado tierno de su esposo—del cual en un inicio se enamoró.

Se queda porque tiene miedo y conoce el miedo, el miedo verdadero.

Se queda porque serían ella y sus hijos quienes tienen que correr,

Tienen que esconderse, tienen que empezar de nuevo.

Se queda porque cree que él va a cambiar

y porque los niños necesitan a su padre.

Se queda porque ella no es alguien que se dé por vencida

y porque cree en sus votos matrimoniales.

Ella se queda

porque se supone que ella debe hacer que funcione.

Anónimo

Recurso #6C del Proceso de Sanidad

Diez Pasos para Recuperarse
Del Vínculo Traumático Tóxico

Nota: **"Los Signos del Vínculo Traumático"** se listan en la Lección #3,
Recurso #3A-2 del Proceso de Sanidad

1. Haz un compromiso para vivir en la realidad.

2. Vive en tiempo real.

3. Vive una decisión a la vez, un día a la vez.

4. Toma decisiones que solo apoyen tu autocuidado. Si te encuentras sintiéndote débil, no te reprendas mentalmente, sino más bien, háblate a ti misma en una forma compasiva, comprensiva y reflectiva. Recuérdate a ti misma que eres una obra en proceso y que la vida es un viaje.

5. Empieza a sentir tus emociones. (Oasis agrega: Identifícalas. Aprende a articular lo que estás sintiendo.)

6. Aprende a lamentar.

7. Entiende el "problema."

8. Escribe una lista de comportamientos finales para ti.

9. Construye tu vida.

10. Construye conexiones saludables. [39]

Signos de la Codependencia

Quizá seas codependiente si tú:

- Te quedas en una relación caracterizada por la adicción o el abuso.

- Tomas la responsabilidad de cuidar de otros a expensas de tus propias necesidades.

- Buscas el amor y tu valor ayudando a los demás, pero vives con el temor de ser abandonada.

- Soportas que te traten mal y vives en modo de supervivencia.

- Excusas y permites el continuo comportamiento disfuncional de otros.

- Fallas en establecer límites personales.

- Te vuelves emocionalmente dependiente de otros al tratar de rescatarlos, controlarlos o solucionar su vida.

- Vives con una falta de amor, atención, seguridad, plenitud e identidad.

- Experimentas dolor, temor, culpa, soledad y vergüenza.

- Niegas la realidad y costo personal de quedarte en una relación no saludable.

40

Codependencia: Pasos para salir adelante

Superar la codependencia no ocurre de la noche a la mañana. Pero *puede* ocurrir. Sé honesta contigo misma, confía en el diseño de Dios para las relaciones, invita personas sabias y que cuiden de ti para que caminen a tu lado, y tómalo un paso a la vez.

- **Date cuenta de que la codependencia no es una sentencia de por vida.** *Es un mecanismo de afrontamiento adaptativo—* ¡y puedes aprender una mejor manera de entenderlo!

- **Admite que tu motivación por ayudar fue alterada cuando eras más joven.** Pero recuerda: No fue tu culpa. Puedes optar por seguir un nuevo entendimiento Cristo-céntrico con la ayuda *apropiada*.

- **Comprende que tu atracción por la gente necesitada muchas veces es un *deseo propio por sentirte necesitada* y eso no es saludable.** Pero no tienes por qué seguir esos sentimientos como lo hace una polilla hacia una flama.

- **Detén el circulo vicioso en tu relación.** No sigas haciendo lo que siempre has hecho. Comprométete a ya no permitir que otros se aprovechen de ti y pierdas tu identidad tratando de arreglar sus asuntos.

- **Date espacio para vivir el duelo.** No ignores las *pérdidas que has vivido en tus relaciones codependientes.*

- **Sigue los pasos de Jesús para futuras decisiones**: Él se preocupaba por otros, pero tenía límites bien establecidos.

- **Establece consecuencias lógicas** para quienes no respetan tus límites.

Pide Ayuda

El cambio nunca es fácil — y no podríamos abarcar cada escenario y necesidades específicas en este espacio. Por eso te animamos a buscar apoyo continuo y alguien a quien puedas rendir cuentas:

- **Ora a nuestro Señor Jesucristo:** Sé intencional en tu *crecimiento espiritual* personal.

- **Únete a Grupos de Apoyo como Oasis:** Existen otros grupos específicos como superación del duelo, superación del divorcio (para quienes deciden divorciarse) y otros.

- **Busca Ayuda Profesional:** Encuentra consejeros cristianos acreditados o coaches de vida cristianos profesionales que se especialicen en codependencia y cómo superarla. Además, hay consejeros y terapeutas que se especializan en abuso doméstico y trauma. Encontrar a alguien que tenga experiencia en todas estas áreas es un gran recurso para procesar lo que has vivido y sanar completamente.

  - **Siendo un cliente potencial,** puedes preguntar si estos consejeros están entrenados y tienen experiencia en abuso doméstico y el proceso de recuperación del trauma.

Recuerda: Un paso a la vez. Aférrate a la esperanza, apóyate en la fuerza de Dios, descansa en su amor que nunca falla y confía que Él te conectará con personas seguras. Tú *puedes* superar la codependencia. [41]

Versículos que pueden ayudarte:

Éxodo 20:3 – *"No tengas otros dioses además de mí."*

Gálatas 1:10 – *"Entonces, ¿busco ganarme la aprobación humana o la de Dios? ¿Piensan que procuro agradar a los demás? Si yo buscara agradar a otros, no sería siervo de Cristo"*

Filipenses 4:13 – *"Todo lo puedo en Cristo que me fortalece."*

Mateo 19:26 – *"Mas para Dios todo es posible."*

Los Niños y la Rueda del Abuso Doméstico [42]

Los Niños y el Abuso Doméstico
¿Cómo afecta la violencia doméstica a los niños?

Contenido creado po Terran Smith. Diseño creado por Shelley Reitz

Conductualmente

- Exterioriza vs Internaliza
- Es agresivo
- Falta mucho a la escuela
- Alto rendimiento vs. Bajo rendimiento
- Está a la defensiva
- Es caótico
- Necesita ser cuidado
- Moja la cama, tiene pesadillas

Emocionalmente

- Siente culpa
- Está enojado
- Se siente presionado
- Siente vergüenza
- Tiene miedo
- Pasa por un duelo
- Se siente deprimido

Físicamente

- Se distrae fácilmente
- Es muy demandante
- Se enferma seguido
- No reacciona al dolor
- Tiene quejas somáticas
- Esta cansado, adormecido
- No tiene una buena higiene
- Está nervioso

Socialmente

- Se aisla frecuentemente
- Tiene pocas habilidades de resolución de conflictos
- Es pasivo
- Tiene amistades intensas
- Es excesivamente sociable
- No confía en los demás

Cognitivamente lo que han aprendido o están aprendiendo

- Siente que es responsable
- Estereotipos sexuales son correctos
- Hay un patrón en la dinámica familiar
- Tiene una baja autoestima
- Culpa a otros
- Piensa que la violencia está bien

De angustia se me derrite el alma; Sustántame conforme a tu PALABRA.

Salmo 119:28

Lección 7 – Distinguiendo las Mentiras Engañosas

Objetivo: Identifica las mentiras que te han dicho y reemplázalas con la verdad de Dios.

Versículo Clave: *"Destruimos argumentos y toda altivez que se levanta contra el conocimiento de Dios, y **llevamos cautivo todo pensamiento** para que obedezca a Cristo."*
2 Corintios 10:5

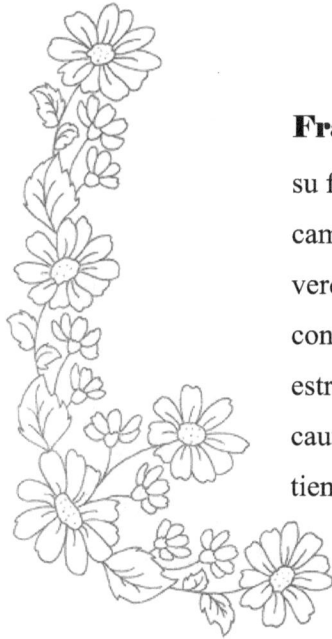

Hablemos de esto

Frase de una hermana: "Soy valiosa porque le pertenezco a Él. El me llama a su familia. Estoy completa. Nada es imposible para Él. La vida no siempre cambia, pero nuestros corazones se vuelven más fuertes mientras conocemos la verdad; la verdad de quién es Dios, quién soy yo en Él y mi propósito en la tierra conforme a Su voluntad, no la mía. Esto lo cambia todo. Todavía lucho con el estrés post-traumático, aun estando en consejería, pero cada día aprendo a llevar cautivo todo pensamiento y recordando a quién le pertenezco y los planes que Él tiene para mi vida" — Linda

¿De qué manera te puedes identificar con las palabras de Linda?

_____

_____

¿Qué Crees acerca de Ti?

La Palabra de Dios es la luz de la verdad que se necesita para perforar la oscuridad del abuso y sus mentiras engañosas. Es primordial tomar unos momentos para reconocer qué mentiras has creído y cómo éstas afectan tu propio pensamiento y valor propio. **Proverbios 23:7** enseña, *"Pues como piensa dentro de sí, así es ella"* NBLA (El pronombre femenino se agregó para dar énfasis.).

Hay una decisión que debes tomar de manera intencional y tiene que ver con la verdad de lo que tú crees de ti misma. En otras palabras, lo que tú decidas pensar de ti misma, bueno o malo, eso es lo que creerás o lo que te llevará a actuar de cierta forma. Así que ten cuidado con lo que te dices a ti misma ya que te llevará, ya sea a una victoria espiritual y personal, ¡o a la derrota! El abuso tiene como resultado que una mujer dude de sí misma, ¡pero eso no viene de Dios!

¿Cómo te ve Dios de acuerdo con la verdad sobre tu valor? Lee el Recurso #7B del Proceso de Sanidad.

_____

_____

_____

En **2 Corintios 10:5** (a continuación), la palabra griega para "cautivo" significa "tener bajo control o llevar al cautiverio" [43] Las luchas diarias que una mujer tiene al vivir abuso doméstico, no solo son batallas espirituales, son una guerra espiritual. Por eso debes ser intencional en tomar control de tus pensamientos como si fueran tus prisioneros. El "tomar cautivo todo pensamiento a la obediencia de Cristo" significa usar la Palabra de Dios como tu cinta de medir para poder diferenciar una mentira de la verdad. Si las palabras o pensamientos no están a la altura de Su verdad y Su verdad acerca de ti, entonces puedes catalogarlas como engaños y desecharlas. **Una vez que detectes la mentira, es importante que la reemplaces con la verdad de Dios.**

Aparte de la verdad de Dios, puede que se trate de una verdad sobre una situación que sucedió y que su esposo ha negado o minimizado. Tal vez, has comenzado una discusión sobre algo que él dijo, y él completamente negó haber dicho esas palabras. Sin embargo, tú sabes la verdad y Dios también. Identificar una mentira de alguien más o de ti misma es sin duda más fácil de decir que llevar a cabo.

Los efectos del abuso causan mucha duda, confusión y miedo, así que, pelear por la verdad es crucial en tu proceso de sanidad.

¿Por qué crees que es tan difícil identificar una mentira?

_____

_____

_____

Las Tres Fuentes del Engaño

Estas son las tres fuentes clave que roban la verdad y es importante tener en mente:

1. Satanás – Juan 8:44 describe a Satanás como el "Padre de la Mentira". Los engaños y las mentiras son la forma principal en que busca crear dudas sobre la verdad de Dios. Este engaño es tan antiguo como el engaño de Eva en el Jardín del Edén. Ella dudó de la verdad que Dios le había dicho y las consecuencias fueron inmensas. **1 Pedro 5:8** nos dice, *"Practiquen el dominio propio y manténganse alerta. Su enemigo el diablo ronda como león rugiente, buscando a quien devorar."* Una vez que comienzas a dudar sobre la verdad de Dios, así como de tu valor y lo importante que eres ante sus ojos, das pie a que Satanás que te engañe y sufras las consecuencias. **Por eso, conocer la verdad acerca de quién Dios dice que Él es, y quién Dios dice que tú eres, es sumamente importante para vivir en la libertad que Cristo te ha dado, sin importar cuáles sean tus circunstancias y lo que los demás digan.**

2. Otros – Esto puede incluir a tu esposo, novio, compañero de trabajo, comunidad de tu iglesia, amigos o tus padres y otros miembros de tu familia. **Cuando has recibido comentarios negativos y degradantes durante años, la verdad se distorsiona, se confunde e incluso se pierde.** Estos mensajes pueden ser verbales o no verbales y pueden afectar tu percepción de Dios, Su verdad y especialmente Su verdad acerca de ti, *a menos que* puedas identificar las mentiras. Aún si ya estás fuera de una relación abusiva, las mentiras pueden continuar tocando la puerta de tu mente, como una persona que no ha sido invitada, y éstas pueden causar daños si continúas abriéndoles la puerta y dejándolas entrar. ¡Deja que la verdad sea quien abra la puerta! **Juan 10** nos enseña que Jesús es nuestro Pastor y Él conoce nuestro nombre. Si estás siendo llamada por un nombre que no te representa, entonces *no es* la voz de tu Pastor.

3. Tú misma – Los autoengaños son un desafío porque son más difíciles de detectar, **sobre todo si se convirtieron en parte de tu sistema de creencias desde que eras pequeña.** Es como ese punto ciego cuando vas manejando. Puede ir otro carro muy cerca de ti, pero no siempre lo puedes ver. De la misma manera, el autoengaño puede ser difícil de detectar. Uno de los problemas es que las mentiras que nos decimos a nosotras mismas son frecuentemente algo que ya hemos escuchado. Esto hace que te sientas más segura, a diferencia que, si fuera algo desconocido, aun cuando estas mentiras te mantienen en cautiverio. Tal vez crees que no eres suficiente, que eres un fracaso o que no mereces lo mejor. En tu proceso siempre debes discernir cuáles mentiras has hecho parte de ti como resultado del abuso, sin importar cuándo ocurrió. Este es un proceso que requiere mucha oración y toma tiempo, ¡así que se paciente y amable contigo misma! Dios quiere que sepas que eres Su hija amada y eres muy preciada para Él.

¿Con cuál de estas fuentes de engaño y mentiras batallas más?

_____

_____

_____

_____

_____

_____

La Importancia de la Verdad de Dios

En **Romanos 12:2**, Pablo nos enseña que hay una transformación real tomando lugar cuando aprendes y sabes la verdad de Dios: *"No se amolden al mundo actual, sino sean transformados mediante la renovación de su mente. Así podrán comprobar cómo es la voluntad de Dios: buena, agradable y perfecta."* Así como una cajera es entrenada para detectar un billete falso, tú estás aún mejor capacitada para detectar una palabra falsa cuando conoces la verdad de Dios.

El desafío cuando vives con abuso es que daña los filtros por donde entra la verdad a tu corazón y mente, y en consecuencia distorsiona la verdad. Si no eres capaz de recibir el amor de Dios y su verdad, ¿entonces cómo puedes creer Su verdad acerca de ti? Si no puedes creer la verdad de Dios acerca de ti, ¿cómo puedes identificar las mentiras? Si no puedes identificar las mentiras, serás engañada y derrotada, y tu sanidad no llegará a término. También estarás vulnerable a las mentiras y engaños de Satanás. Su objetivo es alejarte del amor de Dios y su verdad.

Efesios 6:14-17 te exhorta a mantenerte firme al *"ponerte la armadura de Dios"* que incluye la *"espada de la verdad (de Dios)"* porque estás en una batalla espiritual. El teólogo Matthew Henry escribe, "Un simple texto, bien entendido y aplicado correctamente, puede destruir una tentación u objeción y someter al enemigo más temible." [44]

¿Qué verdades bíblicas te han ayudado en tu batalla contra las mentiras y engaños?

_____

_____

_____

Después de contestar esta pregunta, lee **20 "Yo puedo" para el éxito** para ver ejemplos (Recurso #7C del Proceso de Sanidad).

Diez Razones que te Motivarán a Conocer la Verdad de Dios

Tarea para tu Proceso de Sanidad: Escoge una verdad del **Salmo 119** cada semana y enfócate en ella. ¡Verás lo que Dios hace!

1. La verdad de Dios es un lugar de comodidad, gozo y dirección en medio de las palabras engañosas.

"Aún los gobernantes se confabulan contra mí, pero este siervo tuyo medita en tus estatutos. Tus mandatos son mi regocijo; son también mis consejeros." **Salmo 119:23, 24 (también versículos 15, 52, 92)**

2. La verdad de Dios me fortalece en mi dolor.

"De angustia se me derrite el alma; susténtame conforme a tu Palabra." **Salmo 119:28**

3. La verdad de Dios me da una respuesta oportuna cuando me insultan o deshonran.

"Así podré responder al que me desprecie, porque yo confío en tu Palabra." Salmo 119:42, (78)

4. La verdad de Dios me ayuda a caminar en libertad.

"Viviré con toda libertad, porque he buscado tus preceptos." **Salmo 119:45**

5. La verdad de Dios me da más sabiduría que aquellos que están en contra de mí.

"Tus mandamientos me hacen más sabio que mis enemigos, porque siempre están conmigo." **Salmo 119:98**

6. La verdad de Dios me ayuda a discernir las mentiras que me dicen.

"De tus preceptos adquiero entendimiento; por eso aborrezco toda senda de mentira." **Salmo 119:104**

7. La verdad de Dios guía mi camino en la vida (luz en las tinieblas y verdad en la mentira).

"Tu Palabra es una lámpara a mis pies; es una luz en mi sendero." **Salmo 119:105 (también v. 130)**

8. La verdad de Dios me da vida en medio de mis pruebas.

"Señor, es mucho lo que he sufrido; dame vida conforme a tu Palabra." **Salmo 119: 107**

9. La verdad de Dios es mi fuente de gozo.

"Tus mandatos son mi herencia permanente; son la alegría de mi corazón." **Salmo 119:111**

10. La verdad de Dios me da una inmensa paz y me protege.

"Los que aman tu ley disfrutan de gran paz y nada los hace tropezar." **Salmo 119:165**

¿Cuáles de estas verdades son las que más te motivan en tu proceso?

_____

_____

_____

_____

Jesús, la Cruz y la Verdad acerca de Ti

Tu crecimiento en la fe que te lleva a la verdad debe incluir el que te vuelvas a Cristo y la cruz. Pablo, uno de los líderes cristianos de los primeros tiempos, explicó cuatro verdades transformadoras que se encuentran en **Romanos 8:32-37**. (Ve a la pág. 139 para leer estos versículos al final de las Afirmaciones Clave en el Recurso #7A del Proceso de Sanidad). Cada verdad comienza con una pregunta que Pablo hace y se basa en la muerte de Cristo en la cruz. Estas verdades reflejan como Dios te ve.

1. Dios es por ti – Romanos 8:31- *"Si Dios está de nuestra parte, ¿quién puede estar en contra nuestra?"* ¡Nadie! ¡Dios es tu porrista más grande! Él está ahí para ti y la evidencia es que ofreció a Su Hijo Jesús a morir en una cruz por ti (v.32). Este tipo de amor es auténtico y profundo y permanece por toda la eternidad.

2. Dios te declara justa – Romanos 8:33 – *"¿Quién acusará a los que Dios ha escogido?"* ¡Nadie! ¡Ninguna acusación en contra tuya prevalecerá delante de Dios! Él es quien te justifica, en otras palabras, te declara justa si crees en Jesucristo y que Él pagó por tus pecados en la cruz.

3. Dios NO te condena – Romanos 8:34 – *"¿Quién condenará?"* ¡Nadie! ¡Nadie lo puede hacer! Jesús intercede por ti y va delante del trono de Dios como tu abogado. Él ya ha pagado el precio de tus pecados. **Romanos 8:1** también nos enseña que no hay condenación para los creyentes.

4. Nada nos puede separar del amor de Dios – Romanos 8:35 – *"¿Quién nos separará del amor de Cristo?"* ¡Nada ni nadie! Todos los obstáculos ya han sido conquistados a través de Cristo quien te ama (v. 35-37).

Si tu creyeras estas verdades acerca de cuánto Dios te ama, ¿cómo cambiaría tu forma de pensar?

_____

_____

_____

El amor de Dios por ti es inamovible, poderoso e implacable. ¡Tú eres justa ante sus ojos y de GRAN valor para Él! *¿Crees esto para ti?* Después de leer estas maravillosas verdades, es importante que sepas que un esposo que escoge ser abusivo no representa el corazón y la verdad de Dios. Así que, necesitas llevar sus palabras y acciones hirientes cautivas y echadas fuera y debes reemplazarlas con la verdad de Dios. Recuerda que nada ni nadie puede quitar o minimizar tu valor *sin tu permiso*. Entre más conozcas la verdad, más fácil será identificar una mentira. **No importa cuantas mentiras te hayan dicho para minimizar tu valor, Dios te dice desde el principio hasta el final de la Biblia que eres amada, escogida y aceptada.**

Tu esposo no tiene poder sobre tus pensamientos aun cuando él trata de hacerte creer que lo tiene. **La única forma en que puede lograr ese poder sobre tu mente es si tú crees lo que está diciendo.** Mejor deja que Dios tenga el poder sobre tus pensamientos. **Este es un proceso intencional, poderoso y lleno de propósito.** Tomará tiempo y puede ser doloroso, ¡pero tu libertad lo vale! **Una vez que has abrazado las verdades de Dios, encontrarás un lugar de gran sanidad y paz.**

¿Crees lo que otros están diciendo de ti? ¿Es verdad?

_____

_____

_____

¿Qué dice Dios acerca de ti? ¿A quién le crees más?

_____

_____

_____

_____

El Viaje Hacia la Verdad

En el libro alegórico de Hannah Hurnard, *Hinds Feet on High Places*, [45] el personaje principal es una niñita llamada Muy Temerosa. Es la historia de su viaje desde el Valle de la Humillación hacia los "lugares altos" del Pastor, donde habita Dios. Sus familiares, que son desagradables e inoportunos, como Miedo Cobarde y Malévolo, tratan de mantenerla en una esclavitud emocional y psicológica con sus palabras y acciones crueles que aparecen inesperadamente durante el viaje. Se burlan de ella con palabras degradantes, mentiras y declaraciones manipuladoras. Tratan de convencerla de que no tiene valor e intentan desviar su viaje para encontrar a Dios y Su verdad.

Dios le provee dos compañeros de viaje que se llaman Lamento y Sufrimiento. Aunque Dios tiene múltiples interacciones con Muy Temerosa a lo largo del camino, mientras ella aprende Sus verdades, el viaje se vuelve muy difícil y traicionero. Cuando ella llega a su destino en la cima de la montaña donde Dios habita, los nombres de sus compañeros cambian a Gozo y Paz, y el nombre de Muy Temerosa cambia a Gracia y Gloria. Es sin duda su viaje del miedo a la fe, y de la decepción a la verdad a través de la gracia de Dios. Esto también refleja tu viaje mientras buscas lugares más altos donde está Dios y peleas batallas llenas de obstáculos durante el trayecto. No olvides que Él te cuida en todo momento.

¿Qué nombre te pondrías al inicio de tu viaje de sanidad? ¿Cuál te pondrías ahora?

_____

_____

_____

¿Cuál es una verdad que puedes tomar de la lección de hoy y que te puede ayudar en tu proceso de sanidad?

_____

_____

_____

Tarea Uno del Proceso de Sanidad: Ve a la hoja de trabajo "Llevando tus pensamientos cautivos" (Recurso #7D del Proceso de Sanidad) y escribe mentiras engañosas versus la verdad de Dios. Cuando termines, toma un tiempo para leer el poema, "No soy Perfecta" (Recurso #7E del Proceso de Sanidad).

Tarea Dos del Proceso de Sanidad: Te animamos a ver un video de gran impacto por Hosanna Poetry llamado, "Tengo un nuevo nombre". [46] (https://www.youtube.com/watch?v=YNLujtfN9Rc)

Querido Jesús,

Gracias por la verdad de tu Palabra y la libertad emocional y espiritual que me da. Ayúdame a confiar más en esa verdad mientras busco identificar las mentiras que me han mantenido en cautiverio. Oro en contra de la vergüenza y la culpa que han sido puestas en mí y que yo misma lo he hecho. Tú me has hecho completa, me has perdonado y aceptado completamente. Ayúdame a descubrir la mujer única que Tú has creado. Ayúdame a pelear esta batalla en mi mente porque yo sola no sé hacerlo.

Gracias por amarme tanto y morir por mí. Tu querías que yo siempre supiera que Tu amor está aquí para quedarse. Descanso en ese amor y gracia mientras continúo mi viaje de sanidad contigo.

En tu nombre poderoso, ¡Amén!

Un Paso Fuera del Desierto

IDENTIFICA las mentiras y REEMPLÁZALAS con la verdad

Living Waters of Hope

¿Qué está diciendo Dios acerca de Su verdad y la verdad acerca de ti?

_____

_____

_____

_____

Juan 8: 31-32 – *"Si se mantienen fieles a Mis palabras, serán realmente mis discípulos; y conocerán la verdad, y la verdad los hará libres."*

1 Corintios 13:4-6 – *"El amor es paciente, es bondadoso. El amor no es envidioso ni presumido ni orgulloso. No se comporta con rudeza;…El amor no se deleita en la maldad, sino que se regocija con la verdad."*

Sofonías 3:17 – *"Porque el Señor tu Dios, está en medio de ti como poderoso guerrero que salva. Se deleitará en ti con gozo, te renovará con su amor, se alegrará por ti con cantos."*

Afirmaciones Clave de la Lección 7

1. La Palabra de Dios es la luz de la verdad que se necesita para perforar la oscuridad del abuso y sus mentiras engañosas.

2. Hay una decisión que debes tomar de manera intencional y tiene que ver con la verdad de lo que tú crees de ti misma.

3. El "llevar cautivo todo pensamiento a la obediencia de Cristo" significa usar la Palabra de Dios como tu cinta de medir para poder diferenciar una mentira de la verdad.

4. Si las palabras o pensamientos no están a la altura de Su verdad y Su verdad acerca de ti, entonces puedes catalogarlas como engaños y desecharlas.

5. Una vez que detectes la mentira, es importante que la reemplaces con la verdad de Dios.

6. Los efectos del abuso causan mucha duda, confusión y miedo, así que, pelear por la verdad es crucial en tu proceso de sanidad.

7. Conocer la verdad acerca de Quién Dios dice que es y quién Dios dice que eres es sumamente importante para vivir en la libertad que Cristo te ha dado, sin importar cuáles sean tus circunstancias y lo que los demás digan.

8. Cuando has recibido comentarios negativos y degradantes durante años, la verdad se distorsiona, se confunde e incluso se pierde.

9. Los autoengaños son un desafío porque son más difíciles de detectar, sobre todo si se convirtieron en parte de tu sistema de creencias desde que eras pequeña.

10. El desafío cuando vives con abuso es que daña los filtros por donde entra la verdad a tu corazón y mente, y en consecuencia distorsiona la verdad.

11. Tu crecimiento en la fe que te lleva a la verdad debe incluir el que te vuelvas a Cristo y a la cruz.

12. **Verdades acerca de TI que se encuentran en Romanos 8:32-37:**

    a. **Dios es por ti.**   c. **Dios no te condena.**

    b. **Dios te declara justa.**   d. **Nada te puede separar del amor de Dios.**

13. El amor de Dios por ti es inamovible, poderoso e implacable.

14. ¡Tú eres justa ante sus ojos y de GRAN valor para Él!

15. No importa cuantas mentiras te hayan dicho para minimizar tu valor, Dios te dice desde el principio hasta el final de la Biblia que eres amada, escogida y aceptada.

16. La única forma en que puede lograr ese poder sobre tu mente es si tú crees lo que Él está diciendo.

17. Este es un proceso intencional, poderoso y lleno de propósito.

18. Una vez que has abrazado las verdades de Dios, encontrarás un lugar de gran sanidad y paz.

"Jesús, la Cruz y la Verdad acerca de Ti" - Romanos 8:31-35-37 (NASB)

"¿Qué diremos frente a esto? Si Dios está de nuestra parte, ¿quién puede estar en contra nuestra? El que no escatimó ni a su propio hijo, sino que lo entregó por todos nosotros, ¿cómo no habrá de darnos generosamente, junto con él todas las cosas? ¿Quién acusará a los que Dios ha escogido? Dios es el que justifica. ¿Quién condenará? Cristo Jesús es el que murió e incluso resucitó y está a la derecha de Dios e intercede por nosotros. ¿Quién nos apartará del amor de Cristo? ¿La tribulación, o la angustia, la persecución, el hambre, la desnudez, el peligro o la espada? Sin embargo, en todo esto somos más que vencedores por medio de aquel que nos amó."

Tengo Gran Valor

Tengo un gran valor sin importar mi desempeño,

Porque Cristo dio Su vida por mí;

Por lo tanto, me otorgó un gran valor.

Soy profundamente amada,

Totalmente agradable,

Totalmente perdonada,

Y completa en Cristo. [47]

Robert McGee

20 "Yo puedo" para el Éxito

1. ¿Siento que no puedo hacer ciertas cosas? La Biblia me dice en **Filipenses 4:13**: *Todo lo puedo en Cristo que me fortalece*

2. ¿Siento que me falta algo? La Biblia me dice en **Filipenses 4:19 y Mateo 6:25-32**: *Mi Dios les proveerá de todo lo que necesiten, conforme a las gloriosas riquezas que tiene en Cristo Jesús.*

3. ¿Me siento asustada y temerosa? La Biblia me dice en **2 Timoteo 1:7**: *Dios no nos ha dado un espíritu de timidez, sino de poder, de amor y de dominio propio.*

4. ¿Siento que me falta fe? La Biblia dice en **Romanos 12:3**: *Piensen con buen juicio, según la medida de fe que Dios ha distribuido a cada uno. (NBLA)*

5. ¿Me siento débil? La Biblia dice en **Salmo 27:1 y Daniel 11:3**: *El Señor es la fortaleza de mi vida; ¿de quién tendré temor?*

6. ¿Tengo que aceptar la derrota? La Biblia dice en **2 Corintios 2:14**: *Dios siempre nos lleva en triunfo.*

7. ¿Debo de permitir que Satanás gobierne mi vida? La Biblia dice en **1 Juan 4:4**: *El que está en nosotros es más poderoso que el que está en el mundo.*

8. ¿Me falta sabiduría? La Biblia dice en **1 Corintios 1:30 y Santiago 1:5**: *Cristo fue hecho sabiduría para mí y Dios me da sabiduría cuando se la pido.*

9. ¿Me siento deprimida? La Biblia dice en **Lamentaciones 3:21-23**: *Por el gran amor del Señor no hemos sido consumidos y su compasión jamás se agota*

10. ¿Me preocupo y me inquieto? La Biblia dice en **1 Pedro 5:7**: **Puedo depositar toda ansiedad en Él, porque Él cuida de mí.**

11. ¿Siento que vivo en cautiverio (física, mental o emocionalmente en mis pensamientos)?

La Biblia dice en **Isaías 61:1, Gálatas 5:1 y 2 Corintios 3:17**: *Hay libertad donde está el Espíritu del Señor, Él vino a traer libertad a los prisioneros.*

12. ¿Me siento condenada? La Biblia dice en **Romanos 8:1**: *Ya no hay ninguna condenación para los que están en Cristo Jesús.*

13. ¿Me siento sola? La Biblia dice en **Mateo 18:20 y Hebreos 13:5**: *Que Jesús siempre está conmigo y nunca me dejará ni me abandonará.*

14. ¿Me siento maldita o soy víctima de la mala suerte? La Biblia dice en **Gálatas 3:13-14:** *Cristo me rescató de la maldición de la Ley para que por la fe reciba el Espíritu.*

15. ¿Me siento sin contentamiento? La Biblia dice en **Filipenses 4:6-7 y 11**: *Puedo aprender a tener contentamiento en cualquier circunstancia y experimentar la paz de Dios en mí.*

16. ¿Siento que no tengo ningún valor? La Biblia dice en **2 Corintios 5:21**: *Cristo se volvió pecado y tomó mi lugar para que yo recibiera la justicia de Dios en Cristo.*

17. ¿Tengo un complejo de persecución? La Biblia dice en **Romanos 8:31**: *Nadie puede estar en contra mía cuando Dios está por mí.*

18. ¿Me siento confundida? La Biblia dice en **1 Corintios 14:33 y 2:12**: *Dios no es un Dios de desorden, sino de paz. Tengo el Espíritu Santo en mí que me da conocimiento.*

19. ¿Me siento como un fracaso? La Biblia dice en **Romanos 8:37**: *Soy más que vencedora por medio de Cristo.*

20. ¿Dejo que las presiones de la vida me alteren? La Biblia dice en **Juan 16:33: Puedo ser valiente sabiendo que Jesús ya ha vencido al mundo y sus tribulaciones.** *48*

Reconociendo las Mentiras Engañosas

Hoja de Trabajo

Instrucciones: Escribe una mentira que hayas identificado en tu vida en la columna izquierda, luego reemplaza esa mentira con la verdad en la columna derecha. Puedes usar los versículos de "20 Yo puedo para el Éxito" de esta lección, o cualquier otro que elijas. Repite esto cuantas veces sea necesario y ¡decide vivir en la verdad! *Para tener un nivel de sanidad más profundo, identifica tus sentimientos con cada mentira y luego con la verdad.*

Confía en la Palabra de Dios: Quizá no "sientas" la verdad en tu corazón, pero si viene del corazón de Dios, entonces es la verdad. Repite esas afirmaciones de la Palabra de Dios muchas veces y comenzarás a aceptarlas en tu corazón, mente y alma. Esto tomará tiempo, pero te llevará a un nivel mucho mayor de libertad y paz interior mientras descubres y abrazas tu identidad, tu valor y los valores basados en quien tú realmente eres a los ojos de Dios. Estos son algunos ejemplos:

A. Mentiras engañosas	B. Verdad de Dios y Su Palabra
A. Soy una persona dañada	B. *Soy una obra maestra de Dios creada para buenas obras* (**Efesios 2:10**)
A. Estoy en una situación imposible	B. *Nada es imposible para Dios* (**Lucas 1:37**)
A. No puedo hacerlo	B. Todo lo puedo en Cristo (**Filipenses 4:13**)
A. _____	B. _____

A. Más mentiras engañosas   **B. La Verdad de Dios y Su Palabra**

A._____   B._____

A._____   B._____

A._____   B._____

A._____   B._____

A._____   B._____

A._____   B._____

A._____   B._____

A._____   B._____

A._____   B._____

A._____   B._____

A. Más mentiras engañosas

B. La Verdad de Dios y Su Palabra

A. _____

B. _____

A. _____

B. _____

A. _____

B. _____

A. _____

B. _____

A. _____

B. _____

A. _____

B. _____

A. _____

B. _____

A. _____

B. _____

A. _____

B. _____

A. _____

B. _____

A. _____

B. _____

No Soy Perfecta

Admito frente a ti ... No soy perfecta

Si, mundo, lo digo públicamente, tengo muchos errores.

No soy la mujer perfecta.

No soy la esposa perfecta.

No soy la madre perfecta.

No soy la hija perfecta.

No soy la amiga perfecta.

No soy la empleada perfecta.

No soy la maestra perfecta.

No soy la escritora perfecta.

No soy la vecina perfecta.

No soy una consoladora perfecta.

No soy una mujer que ore perfectamente.

No soy una cristiana perfecta.

Soy una persona imperfecta…

Amada por un DIOS PERFECTO.

Mi pecado ha sido lavado

Por un SALVADOR PERFECTO. [49]

Jo Wilmer

Todo
lo puedo
en Cristo
que me fortalece.
Filipenses 4:13

Lección 8 – Soltando la Vergüenza del Abuso

Objetivo: Entender qué es la vergüenza y cómo soltarla al Dios de la verdad, gracia y amor.

Versículo Clave: *"Me deleito mucho en el Señor… Porque Él me vistió con ropas de salvación."* **Isaías 61:10**

Hablemos de esto

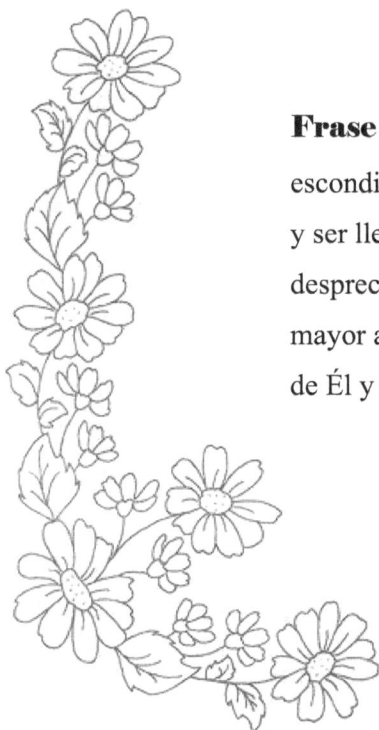

Frase de una hermana: "Estaba atrapada en un matrimonio no saludable y escondida en la oscuridad. Necesitaba una mano para escapar de la farsa malvada y ser llevada a una relación pura e intachable con Jesús. Él también fue despreciado, humillado y traicionado. Él conoce nuestro dolor. Él es nuestro mayor abogado. Jesús usó esta verdad para mantenernos, a mis hijos y a mí, cerca de Él y triunfar. Ya no me siento avergonzada" –Linda

¿Qué significa estar cubierto con el manto de justicia?

_____

¿De qué manera te identificas con la experiencia de Linda?

_____

Definamos los Términos Clave

Vergüenza – "Un sentir profundo y doloroso de insuficiencia y fracaso personal basado en la incapacidad de estar a la altura de un estándar de conducta – ya sea propio o impuesto por otros." [50]

Soltar– El diccionario define la palabra soltar como, "dejar ir o dar libertad a quien estaba detenido o preso." [51]

La vergüenza inmerecida aparece una vez que aceptas el sistema de creencias de otra persona sobre tus propias verdades y la verdad de Dios. La vergüenza puede limitarte, agobiarte y oprimirte, lo cual no es lo que Dios desea para ti.

Vergüenza en contraste con Culpa - La Culpa dice que yo cometí un error y me siento muy mal *al respecto.* La Vergüenza dice que yo soy un error y me siento muy mal acerca *de mí misma.* **Una cosa es hacer algo malo, pero el mensaje que un esposo abusivo enviará es que hay algo malo *contigo.*** Esta vergüenza inmerecida es una forma como él trata de mantener el control sobre ti.

La vergüenza abusiva es algo que tienes que soltar porque no es así como Dios te ve. **Estás cubierta por la justicia de Dios (Isaías 61:10), así que, no debes permitir que tu esposo te cubra con vergüenza.** Punto. Sea que se trate de vergüenza o culpa, **Romanos 8:1** promete que *"no hay condenación para aquellos que creen en Cristo."* Así que, ¡eres libre de la culpa y vergüenza de todas las acusaciones, que pueden incluir las palabras negativas que te dices a ti misma y las decisiones que has tomado! Soltar la vergüenza es mucho más fácil de decir que hacer, pero es posible, así como Linda lo compartía. Toma tiempo el abrazar y vivir estas verdades, aun así, ¡hoy es el día para tomar el siguiente paso!

¿Por qué crees que es tan difícil soltar la vergüenza que tu esposo ha puesto sobre ti?

_____

_____

_____

La Vergüenza en el Abuso Doméstico

Atacar a una persona en vez del problema tiene como resultado poner en esa persona una vergüenza que no merece. Cuando aceptas la vergüenza que tu esposo intenta atribuirte, solo permites que el abuso continúe con sus efectos dañinos. El desafío es que la vergüenza abusiva se infiltra tan lentamente que puede ser difícil de detectar. Comienza a derribarte silenciosa y emocionalmente desde tu interior, como un cáncer. Así lo dijo una sobreviviente Oasis, *la vergüenza* (del abuso) *aplasta tu corazón.* **Vivir con un hombre abusivo es una situación donde no puedes ganar porque no importa lo que hagas, él subirá el estándar o cambiará las reglas para asegurarse que puede continuar criticándote y humillándote.** Lo que él intenta hacer es que te sientas mal y dudes de ti misma. Para complicar las cosas, la vergüenza hace aún más difícil que establezcas límites sanos. De nuevo, esta es una manera inicial en la que él puede mantenerse en una posición de control sobre ti, aunque a veces sea difícil de detectar.

Por el contrario, tú debes ser aplaudida por esforzarte en hacer que tu matrimonio funcione a pesar de tener un esposo que hacía todo en tu contra. En lugar de vergüenza, debes ser honrada por tratar de ser la esposa cristiana que Dios te llamó a ser. En lugar de vergüenza, deberías ser respetada por tratar de establecer límites sanos para tener un matrimonio más sano. ¡Esta es la verdad! No dejes que ponga en ti la vergüenza que él debería traer puesta por su comportamiento rebelde, intencional y pecaminoso en contra de Dios y en contra tuyo. Desviar la vergüenza es una elección que puedes tomar, pero no es fácil después de soportar tantos años de abuso. Es hora de devolver lo que nunca se te debió haber dado en un inicio. ¡Necesitas poner un sello de "regresar al remitente" en ese paquete no deseado! **Es hora de ponerlo en las manos de Dios y vivir la libertad de su verdad, gracia y amor incondicional.**

¿Cuáles son algunas cosas que has hecho bien a pesar de todo lo que te han dicho?

_____

_____

_____

Recuerda que la forma como alguien te trata no define tu valor. Leslie Vernick, consejera cristiana y autora del libro *La Relación Emocionalmente Destructiva* dice, "Cuando le das a otra persona el poder para definirte, también le das el poder de controlarte. Eso te dices a ti misma cuando alguien que valoras te ama, ese amor prueba que eres digna de ser valorada. Por otro lado, si no te aman, entonces eres basura." [52] Dios, por el contrario, te llama Su "hechura" en Efesios 2:10. Esta palabra significa "una obra de arte" en el idioma griego. Hermanas preciosas, ¡ustedes son Su obra maestra!

¿Qué o quién crees tú que te está definiendo?

_____

_____

Cómo Afecta la Vergüenza Tu Relación con Dios

La vergüenza le pasa la factura a cualquier mujer, y tiene el poder de separarte de Dios y otros, lo cual no es un lugar sano para vivir. *"La vergüenza trata de mantenernos escondidas de Dios en lugar de correr hacia Él."* [53]

La vergüenza, junto con el miedo, es uno de los efectos más dañinos y debilitantes del abuso. Juntos, interactúan para crear muchos de los procesos internos que bloquean tu espiritualidad." [54]

¿De qué manera la vergüenza ha sido un obstáculo en tu relación con Dios?

_____

_____

_____

_____

_____

Síntomas de la Vergüenza

Los mensajes vergonzosos pueden crear una falsa creencia dentro de ti. El poder detectar y discernir la verdad puede ser increíblemente desafiante, especialmente si estás viviendo cada día bajo esa creencia. Las mujeres que recién comienzan su proceso de sanidad podrían incluso creer que su esposo es un "hombre bueno". Este pensamiento equivocado frecuentemente ayuda a que la relación "tenga sentido" y esto minimiza la percepción de su comportamiento abusivo. **Aunque la vergüenza a veces es difícil de detectar, en el interior puede sentirse abrumadora, paralizante y desalentadora.** [55, 56]

Algunos de los síntomas de la vergüenza son:

- ✓ Una lucha crónica ante la baja autoestima
- ✓ Cansancio
- ✓ Centrarse en uno mismo
- ✓ Depresión leve

- ✓ Propensa a caer en una adicción
- ✓ Tendencia a sabotear la intimidad
- ✓ Necesidad de compararse y competir
- ✓ Sentir que no perteneces
- ✓ Inseguridad y celos

¿Con cuáles síntomas de la lista te puedes identificar? ¿Algo más que quieras agregar?

_____

_____

_____

_____

Christine Caine hace cuatro preguntas importantes que impactan tu vida: [57]

1. ¿De qué manera esta vergüenza impacta en la forma como me veo a mí misma?
2. ¿De qué manera esta vergüenza moldea la forma como me relaciono con otros?
3. ¿De qué manera esta vergüenza hace que huya de Dios?
4. ¿De qué manera esta vergüenza podría envenenar y dañar mi vida si no la enfrento y lidio con lo que estoy viviendo?

Toma un minuto y escoge un área específica de tu vida donde sientas vergüenza y contesta a continuación las preguntas de Christine. Cuando estés lista, escoge otra área.

_____

_____

_____

_____

Soltando la Vergüenza a Dios
A Través de la Verdad de Dios, su Gracia y Amor Incondicional

Soltando la Vergüenza a Través de la Verdad de Dios: Primero debes identificar y enfrentar la vergüenza antes de que puedas soltarla. Debido a que la vergüenza puede crear un sistema de creencias distorsionado, la batalla realmente está dentro de tu mente. **Proverbios 23:7** dice, *"Pues como piensa dentro de sí, así es ella"* NBLA (El pronombre femenino se agregó para dar énfasis.). La vergüenza te esclavizará y te mantendrá en cautiverio a menos que decidas permanecer firme en la verdad. Esto significa que tienes que ser intencional acerca de lo que la verdad de Dios dice en vez de lo que tus sentimientos te puedan estar diciendo.

¿Qué te estás diciendo a ti misma? ¿Qué dice la palabra de Dios acerca de ti?

_____

_____

_____

Gálatas 5:1 te anima a permanecer firme en tu libertad; *"Cristo nos liberó para que vivamos en libertad. Por lo tanto, manténganse firmes y no se sometan nuevamente al yugo de esclavitud."* Esto incluye la esclavitud y cautiverio emocional que alguien más ejerce con sus mentiras y su pecado. Aprendemos de Jesús, en **Juan 8:31-32**, cuando tú *"conoces la verdad"*, Su verdad tiene el poder de darte libertad. **Mientras permites que la verdad de Dios te libere de tu vergüenza, Él restaurará tu libertad y tu valor propio.**

¿Qué Escritura te ha sido de ayuda en tu proceso de sanidad? Lee **"Mi Identidad en Cristo"** (Recurso #8B del Proceso de Sanidad).

_____

_____

_____

Soltando la Vergüenza a Través de la Gracia de Dios: La gracia juega un papel muy importante cuando soltamos la vergüenza. Es el favor de Dios hacia nosotros aun cuando no lo merecemos ni podemos hacer nada para ganarlo. **Efesios 1:7-8** nos dice que "En Él tenemos la redención mediante su sangre, el perdón de nuestros pecados, conforme a las riquezas de su gracia la cual Dios nos dio en abundancia." ¡Él "te da en abundancia" su gracia como su hija amada! **Esta gracia maravillosa puede ayudar a romper las cadenas de la vergüenza**

¿Si te permitieras recibir la gracia de Dios, de qué manera tu vida sería diferente?

_____

_____

_____

_____

_____

_____

Gracia Maravillosa

"La vergüenza pesa, la gracia es ligera. La vergüenza y la gracia son dos fuerzas opuestas en el espíritu humano: la vergüenza deprime, la gracia levanta. La vergüenza es como la gravedad, una fuerza que nos jala hacia abajo. La gracia es como levitar, una fuerza espiritual que desafía la gravedad. Si nuestra experiencia espiritual no aligera nuestra vida, no estamos experimentando la gracia. La ligereza de la gracia no levanta todos esos costales que arrastra el espíritu. Ésta nos hace valientes para localizar la fuente de la vergüenza no saludable, el poder verla como el dolor inmerecido que ésta es y tomar los pasos necesarios para deshacernos de ella completamente. Aligera la vida al remover un peso innecesario– el peso de la ansiedad de sentirte como una persona inaceptable."

Frase Amazing Grace - Lewis Smedes [58]

¿De qué maneras la vergüenza y la gracia contrastan una con la otra?

_____

_____

_____

_____

Soltando la Gracia a Través del Amor Incondicional de Dios: El único que puede definirte y darte un gran valor es Dios porque te ama incondicionalmente. En otras palabras, no hay nada que puedas hacer para ganar o perder Su amor por ti. Él te ama tanto que dio a Jesús para morir por todo lo que has hecho mal (**Juan 3:16**). **No solo eso, pero por medio de Su "gran amor" que te "dio en abundancia", Él te llama Su hija (1 Juan 3:1).** ¡Eso en verdad es amor! Si eso no es suficiente, Romanos 8:38 nos promete que "nada nos puede separar del amor de Dios." ¡Nada! Nuevamente, tal como la gracia y la verdad de Dios, hay libertad cuando aceptas y crees verdaderamente en su amor incondicional.

Estos tres pasos de libertad a través de la verdad de Dios, de su gracia y su amor incondicional, cambiarán el curso de tu vida. Si buscas a Dios en lugar de tu esposo para encontrar tu valor, esto llevará a tu corazón y tu mente a un lugar más saludable. Aunado a eso, las palabras y acciones vergonzosas de tu esposo comenzarán a perder valor. Christine Caine comparte: "He aprendido que para poder liberarme del dolor de mi pasado, necesito continuamente escoger cambiar mi perspectiva. Necesito ver las cosas a través de los ojos de Dios – a través del poder de la resurrección de Cristo Jesús viviendo en mi interior." [59]

¿Cómo vivirías tu vida de una manera diferente si escoges verte a ti misma a través de los ojos de Dios?

_____

_____

_____

_____

_____

Seis Principios Bíblicos para Soltar la Vergüenza

Es maravilloso conocer estos seis principios bíblicos que se basan en las decisiones de cuatro personas en la Biblia. Ellos son: 1) María, la mamá de Jesús que era una adolescente soltera y embarazada, 2) La reina Ester, una reina judía en el período cuando un oficial ordenó matar a todos los judíos, 3) la mujer Samaritana junto al pozo de agua que era odiada por los judíos y llevaba una vida vergonzosa en su pueblo 4) Jesús, el hijo de Dios. Los líderes religiosos que estaban enojados, celosos y llenos de odio, lo buscaron, le escupieron, lo golpearon y lo clavaron en una cruz. Lo que estas cuatro personas tenían en común fue que aceptaron la verdad en vez de la vergüenza. Repasa estas historias en **"Cuatro Relatos Bíblicos sobre Soltar la Vergüenza"** (Recurso #8C del Proceso de Sanidad.)

1. Reconoce quién eres y de quién eres – en lugar de permitir que alguien o algo te defina.

2. Acepta Su verdad acerca de ti – en lugar de las palabras falsas de alguien más acerca de ti o acciones en contra tuya.

3. Enfócate en el plan y propósito de Dios para tu vida – en lugar de encajar en el de alguien más.

4. Suelta el peso de la vergüenza abusiva – en lugar de vivir bajo su peso que te mantiene cautiva.

5. Mantén tu mirada fija en Jesús – en lugar de tus circunstancias o tu abusador.

6. Reconoce que eres perdonada – en lugar de vivir bajo la condenación de alguien más o de ti misma.

¿Cuáles de estos seis principios bíblicos serían de ayuda y puedes poner en práctica?

_____

_____

_____

_____

_____

¿Cuál es una verdad que encuentras en la lección de hoy que te puede ayudar en tu proceso de sanidad?

_____

_____

_____

Tarea de tu Proceso de Sanidad: para una mayor motivación,

1) Escucha "Unchained" (Busca este poema en Google por Hosanna Poetry)

2) Lee "Las Diez Creencias Personales más Importantes que Debes Comprender" por Lewis Smedes (Recurso #8D del Proceso de Sanidad)

3) Disfruta el poema, "Levántate y toma tu cama" (Recurso #8E del Proceso de Sanidad).

Querido Jesús,

Tú entiendes la vergüenza porque la viviste en la cruz, sin embargo, Tú la rechazaste sabiendo Quién eras y eres, en vez de lo que otros decían de ti. Ayúdame a hacer lo mismo. Gracias por Tu verdad que me hace libre, Tu gracia que me acepta sin ningún mérito propio y Tu amor incondicional que dice que soy suficiente. Tú me has escogido, me has aceptado, me has perdonado e incluso cantas y te deleitas en mi (Sofonías 3:17).

Gracias porque no soy una mercancía dañada sino Tu diseño divino. Ayúdame a soltar mi vergüenza causada por aquellas cosas que fueron hechas en mi contra, y por decisiones propias pecaminosas. Tú ofreces libertad emocional y espiritual ahora y quiero vivir en ese lugar contigo. No puedo hacer esto sola y necesito Tu ayuda. Gracias por Tu amor inquebrantable que nunca se acaba, por Tu misericordia que es nueva cada mañana Tu gran fidelidad hacia mi (Lamentaciones 3:23,23).

En Tu poderoso nombre, ¡Amén!

Un Paso Fuera del Desierto

Continúa SOLTANDO tu vergüenza y poniéndola en las manos de Dios

Living Waters of Hope

¿Qué hace Dios por ti en cada uno de estos cuatro versículos? ¿Cuál es tu parte?

1. **Sofonías 3:17** – *"El Señor tu Dios está en medio de ti como poderoso guerrero que salva. Se deleitará en ti con gozo…se alegrará por ti con cantos."*

   La parte de Dios: **Mi Parte:** Recibir estos maravillosos regalos

2. **Salmo 3:3** – *"Pero Tú, Señor, eres el escudo que me protege; Tú eres mi gloria, Tú mantienes en alto mi cabeza."*

   La parte de Dios: **Mi Parte:**

3. **Hebreos 4:16** – *"Así que acerquémonos confiadamente al trono de la gracia para recibir la misericordia y encontrar la gracia que nos ayuden oportunamente."*

   La parte de Dios: **Mi Parte:**

Afirmaciones Clave de la Lección 8

1. La vergüenza inmerecida aparece una vez que aceptas el sistema de creencias de otra persona sobre tus propias verdades y la verdad de Dios. La vergüenza puede limitarte, agobiarte u oprimirte, lo cual no es lo que Dios desea para ti.

2. Una cosa es hacer algo malo, pero el mensaje que un esposo abusivo enviará es que hay algo malo *contigo*.

3. Estás cubierta por la justicia de Dios (**Isaías 61:10**), así que, no debes permitir que tu esposo te cubra con vergüenza.

4. Atacar a una persona en vez del problema tiene como resultado poner vergüenza inmerecida en esa persona. Cuando aceptas la vergüenza que tu esposo intenta atribuirte, solo permites que el abuso continúe con sus efectos dañinos.

5. Vivir con un hombre abusivo es una situación donde no puedes ganar porque no importa lo que hagas, él subirá el estándar o cambiará las reglas para asegurarse que puede continuar criticándote y humillándote.

6. Por el contrario, tú debes ser aplaudida por esforzarte en hacer que tu matrimonio funcione a pesar de tener un esposo que hacía todo en tu contra.

7. Es hora de ponerlo en las manos de Dios y vivir la libertad de Su verdad, gracia y amor incondicional.

8. La vergüenza le pasa la factura a cualquier mujer y tiene el poder de separarte de Dios y de otros, lo cual no es un lugar sano para vivir.

9. Los mensajes vergonzosos pueden crear una creencia falsa dentro de ti. El poder detectar y discernir la verdad puede ser increíblemente desafiante, especialmente si estás viviendo cada día bajo esa creencia.

10. Aunque la vergüenza a veces es difícil de detectar, en el interior puede sentirse abrumadora, paralizante y desalentadora. Como la vergüenza puede crear un sistema de creencias distorsionado, la batalla realmente está dentro de tu mente.

11. Mientras permites que la verdad de Dios te libere de tu vergüenza, Él restaurará tu libertad y tu valor propio.

12. Se necesita una decisión intencional para creer que Dios te acepta, sin importar lo que te han hecho o lo que tú has hecho.

13. El único que puede definirte y darte un gran valor es Dios porque te ama incondicionalmente.

14. Es por medio de su "gran amor" que te dio "en abundancia", que te llama Su hija (**1 Juan 3:1**).

Mi Identidad en Cristo

Yo soy aceptada...

Juan 1:12 – *Yo soy hija de Dios.*

Juan 15:15 – *Como discípulo, soy amiga de Cristo Jesús..*

Romanos 5:1 – *He sido justificada.*

1 Corintios 6:17 – *Estoy en unidad con el Señor, soy una con Él en espíritu.*

1 Corintios 6:19-20 – *He sido comprada con un precio y le pertenezco a Dios.*

1 Corintios 12:27 – *Soy miembro del cuerpo de Cristo.*

Efesios 1:3-8 – *He sido escogida por Dios y adoptada como Su hija.*

Colosenses 1:13-14 – *He sido redimida y perdonada de todos mis pecados.*

Colosenses 2:9-10 – *Estoy completa en Cristo.*

Hebreos 4:14-16 – *Tengo acceso directo al trono de la gracia por medio de Cristo Jesús.*

Estoy segura...

Romanos 8:1-2 – *Soy libre de condenación.*

Romanos 8:28 – *Tengo la certeza de que Dios hace que todas las cosas obren para mi bien.* *(parafraseado)*

Romanos 8:31-39 – *Soy libre de toda condenación en contra mía y nada me puede separar del amor de Dios.*

2 Corintios 1:21-22 – *He sido establecida, ungida y sellada por Dios.*

Colosenses 3:1-4 – *Estoy escondida en Cristo con Dios.*

Filipenses 1:6 – *Estoy confiada en que Dios completará la buena obra que comenzó en mí..*

Filipenses 3:20 – *Soy una ciudadana del cielo.*

2 Timoteo 1:7 – *Dios no me ha dado un espíritu de temor, sino de poder, amor y dominio propio.*

1 Juan 5:18 – *He nacido de Dios y el enemigo no puede tocarme.*

Soy valiosa...

Juan 15:5 – *Soy una rama de Jesucristo, la vid verdadera y un canal de Su vida.*

Juan 15:16 – *He sido escogida y designada para dar fruto.*

1 Corintios 3:16 – *Soy el templo de Dios.*

2 Corintios 5:17-21 – *Soy un ministro de reconciliación por Dios.*

Efesios 2:6 – *Estoy sentada con Jesucristo en el trono celestial.*

Efesios 2:10 – *Soy obra de Dios.*

Efesios 3:12 - *Puedo acercarme a Dios con libertad y confianza.*

Filipenses 4:13 – *Todo lo puedo en Cristo que me fortalece.* [60]

Cuatro Relatos Bíblicos
Sobre Soltar la Vergüenza

Para la sección "Seis Principios Bíblicos para Soltar la Vergüenza" de esta lección.

1. María, la madre de Jesús, se encontraba embarazada y sin casarse en una época cuando eso era motivo para ser apedreada a muerte. Los chismes seguramente eran hirientes y vergonzosos, pero **María sabía quién era y de qué se trataba esto. Ella escogió definirse por como Dios la veía y no por lo que otros pensaran.** Mientras que otros quizá la llamaban maldita, María se llamaba a sí misma *bendecida* mientras cantaba la siguiente canción. Historia completa aquí: **Lucas 1:26-38, 46-55.**

"Mi alma glorifica al Señor, y mi espíritu se regocija en Dios mi Salvador.
Porque se ha dignado fijarse en su humilde sierva. Desde ahora me llamarán dichosa todas las generaciones, *porque el Poderoso ha hecho grandes cosas por mí. ¡Santo es su nombre!"* **Lucas 1:46-49**

2. La reina Ester era una joven reina judía recién nombrada. Un hombre vengativo engañó al rey para que firmara un decreto en donde decía que cualquier no-judío tenía el derecho de matar a todos los judíos en un día específico. De repente, los judíos fueron redefinidos como un grupo étnico inferior, indigno y sin valor. La reina se dirigió al Señor en oración. A través de una secuencia fascinante de eventos, los judíos fueron perdonados y se les dieron privilegios especiales. Ester pudo haber cedido antes las opiniones de otros, pero decidió definirse por cómo Dios la veía y no lo que otros trataban de imponer en ella. Ella fue una parte del plan divino de Dios *"para un tiempo como éste"* (**Ester 4:14**). Historia completa: **Ester, capítulos 1-10**

3. La mujer Samaritana en el pozo de agua ciertamente era menospreciada por cualquier judío. Sin embargo, Jesús le pidió de beber agua del pozo. Ella sintió un gran sentido de vergüenza al ser una mujer Samaritana en la presencia de un judío y como una mujer que había estado casada siete veces, y en ese momento viviendo con un hombre. Jesús habló dulcemente y le ofreció "agua viva". Su gracia, amor, verdad y el regalo de la vida espiritual y eterna ("agua viva") fue suficiente para restaurar su dignidad. Historia completa: **Juan 4:1-42**

4. Jesús es el mejor ejemplo de cómo lidiar con la *vergüenza injusta*. Él era perfecto y sin culpa, pero era percibido como una amenaza para el poder y las posiciones de los líderes espirituales de esa época. Fue asesinado por causa de cómo otros querían definirlo, es decir, alborotador, rebelde, blasfemo, inferior, indigno, sin valor e indeseable. ¿Crees que Él puede entender cómo te sientes? Jesús, el Rey de Reyes, Señor de Señores, Príncipe de Paz murió en la forma más humillante de esa época, muerte de cruz... como un criminal. Historia completa: Estos relatos son un resumen de los cuatro Evangelios.

Sin embargo, **Hebreos 12: 2** dice que fue Jesús, *"quien por el gozo que le esperaba, soportó la cruz, menospreciando la vergüenza que ella significaba, y ahora está sentado a la derecha del trono de Dios."* La palabra "despreciar" significa "dar poco valor" según la palabra griega "kataphronesas". [61] La culpa que Jesús experimenta en la cruz fue minimizada por Su gozo de regresar al cielo para estar con Su Padre, así como hacer un camino para que podamos tener una relación personal y reconciliación con Él. Él experimentó dolor profundo y la culpa injusta que tú has experimentado. ¡La buena noticia es que la historia no terminó ahí! **A pesar de la culpa injusta que otros impusieron en Él, Jesús nunca perdió de vista Quién era y de qué se trataba todo esto.** Él quiere ayudarte a hacer lo mismo.

Nota: Los Seis Principios Bíblicos vienen de estas historias y se encuentran en la Lección 8. Los principios están resaltados en negritas en las historias anteriores para una fácil referencia.

Las 10 Creencias Personales más Importantes que Debes Comprender

1. Creo que la única persona que debo ser es la persona que mi Creador quiso que fuera.

2. Creo que soy aceptada por la gracia de Dios sin tener en cuenta si lo merezco.

3. Creo que soy aceptada junto con mis errores, así como el bien y el mal que pueda haber en mí.

4. Creo que soy digna de ser aceptada.

5. Creo que la gracia me ha hecho libre para aceptarme totalmente y sin condiciones, aunque no apruebo todo lo que acepto.

6. Creo que, de lo que merezca sentirme avergonzada, eso jamás me hará inaceptable ante Dios.

7. Creo que puedo perdonar a cualquier persona que alguna vez me haya puesto una culpa que no merezco.

8. Creo que puedo perdonarme a mí misma por lo que sea que haya hecho que me haga sentirme avergonzada.

9. Creo que la gracia de Dios sana la vergüenza que no merezco.

10. Creo que la gracia es lo mejor que hay en el mundo." [62]

Levántate y Toma tu Cama

Algunas personas están paralizadas,
con miedo y temor . . .
algunos simplemente están colgando
de un hilo muy delgado.

Pero, Jesús quiere sanar,
nuestra culpa y vergüenza
justo como lo hizo por . . .
el enfermo y el paralítico.

Algunas personas están lisiadas,
por el pecado de su pasado
algunos se ven obstaculizados
por su condición de vagabundos.

Pero, Jesús quiere curar,
nuestra enfermedad espiritual
al ofrecernos el regalo
de la gracia y el perdón.

Algunas personas están inmovilizadas,
por la culpa, la vergüenza, el miedo y el temor
pero, Jesús quiere que nos levantemos . . .
¡y mejor tengamos fe en Él! [63]

CHRISTian Poetry por Deborah Ann basado en Marcos 2:11

JESÚS
por su parte,
solía retirarse
a lugares
solitarios
PARA ORAR.

Lucas 5:16

Lección 9 – Límites Saludables – Parte 1 de 2

Objetivo: Entender qué son los límites, qué reflejan y cómo establecerlos.

Versículo clave: *"Sin embargo, la fama de Jesús se extendía cada vez más, de modo que acudían a Él multitudes para oírlo y para que los sanara de sus enfermedades. Él, por su parte, solía retirarse a lugares solitarios para orar."* **Lucas 5:15-16**

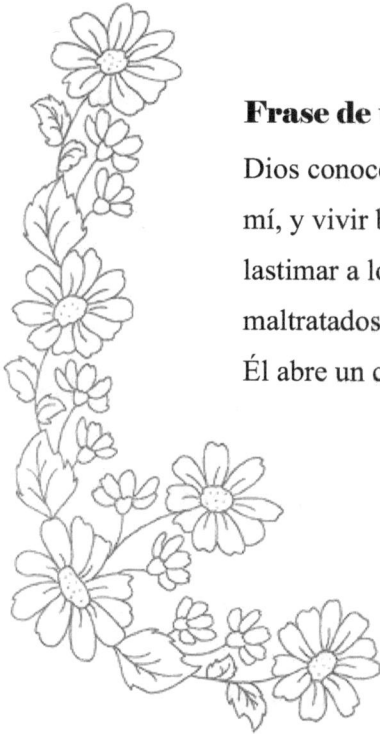

Hablemos de esto

Frase de una hermana: "Estoy aprendiendo a establecer límites y a decir no. Dios conoce todas las cosas. Pido que me equipe para amar a otros, incluyéndome a mí, y vivir bajo la gracia, pero ahora con límites. Pues nadie debe molestar o lastimar a los hijos de Dios. A Él le enoja cuando sus hijos son oprimidos, maltratados y heridos por acciones malignas que vienen de un corazón endurecido. Él abre un camino en el desierto y ríos en tierra seca" –Linda

¿Qué puedes aprender de Linda?

_____

¿Qué dice el versículo clave acerca de poner límites?

_____

¿Qué son los límites?

Todos tenemos límites en las cosas que valoramos en la mayoría de las áreas de nuestra vida diaria, como la higiene, espacio personal y similares. Como puedes ver en el versículo clave, aún Jesús estableció un límite que reflejaba el valor que Él le daba a pasar tiempo con su Padre. También era un límite que incluía cuidar de Sí mismo cuando se sentía muy ocupado en Su ministerio. Sin duda había quienes no estaban de acuerdo e incluso enojados. Sus decisiones y límites reflejaban quién era Él, qué era importante para Él y lo que Él sabía que necesitaba. El conocer a Jesús nos da la fortaleza para tomar buenas decisiones y poder seguir Sus pasos.

¿Cuáles son algunas áreas de valor personal para ti? Por ejemplo, honestidad, fe, respeto…

_____

_____

El diccionario Webster define un **límite** de esta manera: "Algo (como un río, un cerco o una línea imaginaria) que muestra dónde termina un área y dónde comienza otra." [64] **Los límites reflejan tus valores teniendo un cerco alrededor de ellos y demostrando a otros lo que tú crees que es apropiado e inapropiado, correcto o incorrecto, y aceptable o no aceptable.** Los límites honran y respetan a otros y a ti misma. Aprender a tener una voz y saber cuándo decir que "no" y cuándo decir que "si" es una parte importante de saber establecer límites, aun cuando puede parecer intimidante e incómodo al principio.

Los límites hacen ver a otros (esposos, novios, hijos, padres, jefes, compañeros de trabajo, amigos, etc.) dónde comienza y termina _su_ responsabilidad en cuanto a sus decisiones y comportamiento. Esa línea protege lo que tú consideras que es apropiado y aceptable mientras mantienes todo lo demás afuera. **Los límites son tus protectores y amigos. Como no puedes controlar el comportamiento de otros, los límites son realmente una necesidad.** Aquí es donde las consecuencias cuentan cuando se rompen los límites. El tema de las consecuencias se cubrirá más a fondo en la Parte 2 del Capítulo de Estableciendo Límites.

Así como Jesús nos lo mostró, los límites no son egoístas; sino que es cuidar de nosotras mismas. También te ayudan a ser proactiva en lugar de solo reaccionar. Esta línea imaginaria puede comunicar dónde empieza y termina _tu_ responsabilidad en cuanto a tus decisiones y comportamiento. Por ejemplo, la forma como respondes a tu esposo cuando está siendo verbalmente abusivo. **Los límites son cruciales para establecer estabilidad emocional y vencer el trauma del abuso.** Muchas mujeres dicen que la habilidad de establecer límites ayuda a incrementar su autoestima, la cual es especialmente importante después de haber sido tratada en maneras tan humillantes. Ellas sienten que están ganando nuevamente el control de sus vidas a pesar de que sus esposos por lo general se sienten amenazados.

¿Por qué crees que es tan difícil establecer límites?

_____

_____

_____

_____

_____

_____

Tres Objetivos al Establecer Límites

Estos tres objetivos sirven para: 1) Mantenerte segura, 2) Minimizar o detener el abuso, y 3) Evaluar si tu esposo tiene el deseo de trabajar hacia una relación más saludable o no. Cuando los hijos están involucrados hay una mayor preocupación para tomar medidas de protección. Si tú eres mamá, al mismo tiempo que aprendes a establecer límites, también enseñas a tus hijos a hacer lo mismo. Aunque establecer límites puede ser intimidante al principio, se vuelve más fácil con el tiempo y la práctica.

Un pequeño límite es un buen lugar para comenzar, como por ejemplo permanecer tranquila y calmada sin importar qué tan enojado se ponga tu esposo. Otro ejemplo puede ser alejarte de una conversación que se torna irrespetuosa.

La Vida sin Límites

Cualquier tipo de abuso viola los límites personales porque está violando el valor y el respeto por otra persona. En el abuso doméstico, terminas sintiéndote invalidada, intimidada y devaluada. Con el tiempo, esta dinámica desgarradora te hace comprometer tus propios valores y tu autoestima, lo cual se refleja en cómo te dejas tratar. **Sin límites, te mueves de un lado a otro como una ola, permitiendo que tu esposo ejerza su destructivo sistema de creencias sobre ti.** Este es un terreno fértil para que los hombres abusivos sigan abusando y para que se desarrolle la codependencia en ambas partes. **Los límites son necesarios para permanecer fiel a ti misma y al diseño de Dios para tu vida.**

¿Qué tipo de límites te ayudarían a mantenerte fiel al diseño que Dios tiene para tu vida?

_____

_____

_____

_____

_____

_____

_____

Se le debe dar una atención especial a las mujeres que aún no se sienten preparadas, dispuestas o no sienten el llamado de Dios para dejar su matrimonio no saludable en este momento. En este caso, sería mejor establecer límites más sencillos. **Es difícil establecer un límite si las consecuencias a largo plazo no incluyen el estar preparada para una posible separación si el esposo no está respetando los límites.** Un esposo que sabe que no lo vas a dejar, quizá no tenga la motivación suficiente para respetar tus límites. Si está preocupado por perderte, entonces será más receptivo. **Sin importar tu situación, por favor recuerda que el abuso solo empeorará con el tiempo si no hay límites bien establecidos.**

Obstáculos al Establecer Límites

Ciertamente existen desafíos al tratar de establecer límites saludables en un matrimonio no saludable, porque significa que ahora tú tienes parte del control y poder sobre ti. **Un esposo controlador no va a aceptar esto fácilmente porque él no cree que tú estés a su altura. Esto es una amenaza para él y su necesidad de tener el poder y control sobre ti.** Establecer límites es un gran paso porque es más fácil ceder ante sus peticiones para evitar una respuesta negativa cuando tratas de compartir un punto de vista diferente al de él. Desafortunadamente, esto te mantiene en un lugar no saludable y permite que el abuso continúe. En relaciones muy violentas, donde el abuso físico está presente, el único límite recomendado que te puede proteger es acudir a un lugar seguro con la ayuda de otros.

En una relación matrimonial controladora, el miedo y el temor de decir "no" van de la mano como una herramienta que se aprende para la supervivencia y adaptación. Esto es normal, pero resulta en que se establezcan muy pocos límites y se cargue con mucha responsabilidad en la relación. Algunas mujeres nunca tuvieron la oportunidad de aprender a establecer límites. En el libro Límites, los autores Cloud y Townsend dicen: "La incapacidad de decir que no es penetrante. No solo nos impide rechazar el mal en nuestra vida, sino también nos impide reconocerlo. Mucha gente complaciente se da cuenta demasiado tarde que están en una relación peligrosa y abusiva. Su 'radar' espiritual y emocional está roto; no tienen habilidad para guardar su corazón. (**Proverbios 4:23**). Cada vez que necesitan protegerse y decir que no, la palabra se atora en su garganta. Esto pasa por diferentes razones." [65]

Estas son algunas de las tantas razones por las que puedes tener miedo de establecer límites:

- ✓ Miedo de herir los sentimientos de otra persona
- ✓ Miedo al abandono y a la separación
- ✓ Un deseo de ser totalmente dependiente de alguien mas
- ✓ Miedo de ser vista como alguien mala o egoísta
- ✓ Miedo al enojo de alguien más
- ✓ Miedo al castigo
- ✓ Miedo a ser avergonzada
- ✓ Miedo a no ser espiritual
- ✓ Miedo a la propia conciencia crítica demasiado estricta (generalmente experimentada como culpa)

¿Con cuáles miedos u obstáculos has batallado? ¿Algún otro?

_____

_____

_____

_____

_____

_____

_____

_____

_____

Preparándote – Cuatro Sugerencias

1. Establece un buen fundamento – Es necesario construir un buen fundamento antes de establecer un límite, pues te ayudará a minimizar el ambiente de locura y destructivo del abuso. Muchos "ladrillos" importantes acerca de la verdad ya han sido puestos en el *Estudio Bíblico Oasis*. Las dos lecciones pasadas incluyeron los dos ladrillos finales motivándote a 1) identificar las mentiras y reemplazarlas con la verdad de Dios y 2) soltar la vergüenza en las manos amorosas y llenas de gracia de Dios. El cemento que une estos ladrillos no solo es el Señor, sino también un buen grupo de apoyo, aun si es solamente una persona.

El libro *Límites* también enfatiza la importancia de tener un **grupo de apoyo**, "Necesitas apoyarte en los demás para que te ayuden a establecer y mantener tus límites. Las personas que han sido sometidas a las adicciones, abuso o control de otra persona se han dado cuenta, después de años de 'amar demasiado', que a través de un grupo de apoyo es como pueden tener la habilidad de establecer límites. La red de apoyo les da la fortaleza para decir que no al abuso y control por primera vez en sus vidas. " [66]

2. Determina tu identidad y valores– En las lecciones pasadas ya hemos discutido la importancia de encontrar tu valor e identidad en Cristo y en la verdad de Dios acerca de ti. Recuerda que tus límites son un reflejo directo de quién crees que tú eres y lo que tú valoras. También es importante definir claramente quién *no* eres, lo cual puede incluir *no* definirte como una "víctima". Si la forma como te ves es mala, entonces tus límites o la falta de ellos seguirán el mismo patrón.

Así que, debe haber algún nivel de sanidad para que puedas redescubrir tu identidad antes de que haya suficiente confianza y fortaleza interior para establecer un límite. ¡Y está BIEN

hacerlo así! Gregory Jantz en su libro, *Sanando las Cicatrices del Abuso Emocional*, nos recuerda que, "El abuso emocional es un asalto intencional por una u otra persona para distorsionar la forma como la víctima se ve a sí misma, permitiendo a su vez que el abusador pueda controlarlo(a). El abuso emocional proyecta una sombra que oculta la luz de tu verdadero yo" [67]

¿Quién dice Dios que eres? ¿Quién no eres?

_____

_____

_____

3. Determina dónde empieza *tu* responsabilidad y dónde termina – Así como reorganizas un closet, hay que decidir con qué cosas te quedas y con cuáles no. Al determinar los límites en una relación abusiva, es importante separar las áreas de responsabilidad. Generalmente hablando, una esposa tiende a tomar demasiada responsabilidad. En una relación abusiva, ésta es un área peligrosa y de mucha vulnerabilidad. Esto se debe principalmente a las exigencias de su esposo. La verdad es que *no* eres responsable por los sentimientos, gustos y decisiones de los demás y tampoco puedes cambiarlos. **Hay una gran diferencia entre, ante *quién eres responsable* y de *qué eres responsable*.** El poder entender mejor esta diferencia te ayudará a deshacerte de una parte de esa carga y desorden no deseados en tu vida. Dicho esto, también es importante asumir tus propias responsabilidades dentro de la relación y hacer los cambios necesarios.

El Dr. Cloud explica, "La libertad se da cuando asumimos nuestra responsabilidad; el cautiverio se da cuando no la asumimos." Él continúa diciendo, "Si nos sentimos responsables de los sentimientos de otras personas, ya no podremos tomar decisiones basadas en lo correcto; tomaremos decisiones basadas en cómo se sienten los demás acerca de nuestras elecciones. Jesús dijo, 'Ay de ustedes cuando todos los elogien' (**Lucas 6:26**). Si siempre queremos tener a todos contentos, entonces no podremos tomar las decisiones necesarias para vivir correctamente y en libertad. Si nos sentimos responsables por el disgusto de otras personas, estamos siendo controladas por otros y no por nuestro Dios." [68]

¿Qué te llama más la atención en la "Tabla de Responsabilidad" (Recurso #9B del Proceso de Sanidad)?

_____

_____

_____

_____

4. Determina qué estas dispuesta a ganar y perder – Cualquier decisión frecuentemente involucra ganar y perder algo. Por ejemplo, en **Lucas 5:15-16**, Jesús apartaba tiempo con su Padre para ser renovado, lo cual le permitía ser más eficiente en Su ministerio. Se perdía de momentos para sanar más personas y ciertamente decepcionaba a aquellos que lo buscaban. Pero para Él era más importante agradar a su Padre que a la multitud. **La decisión de establecer límites debe ponerse en la balanza, teniendo en cuenta esta ganancia/pérdida, evaluando qué es lo que te dará la mayor ganancia y la menor pérdida con el objetivo de avanzar hacia tu sanidad y plenitud.** Por ejemplo, al no establecer límites, puedes ganar el quedarte en la relación y reducir el enojo de tu esposo… pero quizá te pierdas a ti misma, así como tu seguridad y tu cordura.

Si decides establecer límites, tendrás un mayor sentido de autonomía y sanidad, aunque posiblemente pierdas la paz en tu matrimonio, al experimentar un mayor nivel de enojo, como respuesta. Con el tiempo, algunos esposos suelen calmarse un poco, haciendo que el enojo a corto plazo valga la pena, mientras que otros intensifican las cosas para mantener su necesidad de poder y control. De cualquier manera, ten en cuenta que puedes aprender mucho sobre el corazón de tu esposo a través de sus elecciones, lo cual es una ganancia significativa. **La ganancia esperada siempre será que el esposo reconozca que su comportamiento es inapropiado, y que busque la ayuda necesaria para llegar a un verdadero arrepentimiento.** Desafortunadamente, pocos hombres están dispuestos a tomar estos pasos necesarios.

El propósito de los límites es encontrar la voz de la verdad en el amor y confrontar el pecado. Es importante recalcar que establecer un límite no es un proceso "unitalla". La situación de cada persona es única, así que, siempre se recomienda buscar la sabiduría de Dios. Hay que tener una última palabra acerca de la decisión de cada persona para determinar cuánto tiempo dejar pasar para ver cambios *antes* de decidir poner en práctica los límites. Establecer límites hará que el tiempo empiece a correr para ver una de dos situaciones, una relación que va mejorando o bien, una posible separación. Por lo tanto, dado que algunas pérdidas y ganancias pueden ser difíciles de predecir, es bueno estar preparado para lo que pueda suceder sabiendo que Dios ya está allí. Brene Brown compartió durante una charla TED, "Atreverse a establecer límites se trata de tener la valentía de amarnos a nosotras mismas, aun cuando nos arriesgamos a decepcionar a los demás. No podemos basar nuestro valor en la aprobación de los demás" [69]

¿Cuál es un límite que has establecido aun cuando quizá ha decepcionado a otros?

_____

_____

_____

¿Cuál es una verdad en la lección de hoy que te puede ayudar en tu proceso de sanidad?

_____

_____

_____

Nota: Lee **"Seis pasos para la Cordura (S.A.N.I.T.Y.)"** (Recurso #9C del Proceso de Sanidad) para más información sobre cómo establecer un buen fundamento, así como el "Poema del Lector: Límites" (Recurso #9D del Proceso de Sanidad).

Querido Jesús,

Por favor dame sabiduría y discernimiento para establecer límites saludables para poder permanecer en Tus valores y en quién Tú dices que soy. Protégeme en este proceso y ayúdame a saber que los límites no son egoístas, sino que es cuidar de mí misma. Gracias por ser el ejemplo que necesito. Ayúdame a asumir las áreas de responsabilidad que son apropiadas para mí y a tener la sabiduría para saber qué áreas necesito respetuosamente dejar ir. Gracias porque tu amor es incondicional sin importar lo que otros hagan o digan. Gracias porque mi valor es probado por tu disposición de dar tu vida por mí.

En tu poderoso nombre, ¡Amén!

Un Paso Fuera del Desierto

COMPRENDE qué son los límites y
por qué son importantes

Living Waters of Hope

¿De qué manera te motivan estos versículos en tu responsabilidad y a la hora de establecer límites?

_____

_____

_____

_____

Gálatas 6:4- 5 – *"Cada cual examine su propia conducta; y si tiene algo de qué presumir, que no se compare con nadie. Que cada uno cargue con su propia responsabilidad."*

Gálatas 6:7 – *"No se engañen: de Dios nadie se burla. Cada uno cosecha lo que siembra."*

Filipenses 4:13 – *"Todo lo puedo en Cristo que me fortalece."*

Afirmaciones Clave de la Lección 9

1. Los límites reflejan tus valores teniendo un cerco alrededor de ellos y demostrando a otros lo que tú crees que es apropiado e inapropiado, correcto o incorrecto, y aceptable o no aceptable.

2. Los límites hacen ver a otros (esposos, novios, hijos, padres, jefes, compañeros de trabajo, amigos, etc.) dónde comienza y dónde termina *su* responsabilidad en cuanto a sus decisiones y comportamiento.

3. Los límites son tus protectores y amigos.

4. Como no puedes controlar el comportamiento de otros, los límites son realmente una necesidad.

5. Así como Jesús nos lo mostró, los límites no son egoístas; sino cuidar de mí misma.

6. Los límites también te ayudan a ser proactiva en lugar de solo reaccionar.

7. Hay tres objetivos para establecer límites: 1) Mantenerte segura, 2) Minimizar o detener el abuso y 3) Evaluar si tu esposo tiene el deseo de trabajar hacia una relación más saludable o no.

8. Si tú eres mamá, al mismo tiempo que aprendes a establecer límites, también enseñas a tus hijos a hacer lo mismo.

9. Aunque establecer límites puede ser intimidante al principio, se vuelve más fácil con el tiempo y la práctica.

10. Cualquier tipo de abuso viola los límites personales porque está violando el valor y el respeto por otra persona.

11. Sin límites, te mueves de un lado a otro como una ola, permitiendo que tu esposo ejerza su destructivo sistema de creencias sobre ti.

12. Los límites son necesarios para permanecer fiel a ti misma y a quien Dios te creó para que fueras.

13. Es difícil establecer un límite si las consecuencias a largo plazo no incluyen el estar preparada para una posible separación, si el esposo no está respetando los límites.

14. Sin importar tu situación, por favor recuerda que el abuso solo empeorará con el tiempo si no hay límites bien establecidos.

15. Un esposo controlador no va a aceptar esto fácilmente porque él no cree que tú estés a su altura.

16. Los límites son una amenaza para él y su necesidad de tener el poder y control sobre ti.

17. En una relación matrimonial controladora, el miedo y el temor de decir "no" van de la mano como una herramienta que se aprende para la supervivencia y adaptación.

18. Estas herramientas de adaptación son normales pero el resultado es que existen muy pocos límites y se carga con mucha responsabilidad en la relación.

19. Debe haber algún grado de sanidad para que puedas redescubrir tu identidad antes de que haya suficiente confianza y fortaleza interior para establecer un límite. ¡Y está BIEN hacerlo así!

20. Hay una gran diferencia entre, ante *quién* eres responsable y de *qué* eres responsable.

21. La decisión de establecer límites debe ponerse en la balanza, teniendo en cuenta esta ganancia/pérdida, evaluando qué es lo que te dará la mayor ganancia y la menor pérdida con el objetivo de avanzar hacia tu sanidad y plenitud.

22. El propósito de los límites es encontrar la voz de la verdad en el amor y confrontar el pecado.

TABLA DE LA RESPONSABILIDAD

NO SALUDABLE
Cuando siento que soy responsable POR otros

Yo Trato de...

- Cambiar
- Proteger
- Rescatar
- Negar la realidad
- Controlar
- Cargar con sus sentimientos

Me Siento...

- Cansada
- Ansiosa
- Temerosa
- Inestable

Estoy preocupada por...

- Sus problemas
- Sus soluciones
- Su reputación
- Sus expectativas

SOY UNA PERSONA QUE COMPLACE A LOS DEMÁS

TRATO DE VIVIR DE ACUERDO A LAS EXPECTATIVAS DE LOS DEMÁS

BASO MI VALOR EN LO QUE LA DEMÁS GENTE PIENSA DE MI

SALUDABLE
Cuando siento una responsabilidad HACIA los demás

Yo...

- Muestro empatía
- Soy compasiva
- Comparto la verdad
- Muestro amor
- Doy palabra de aliento
- Escucho

Me Siento...

- Relajada
- En paz
- Confiada
- Descansada

Estoy preocupada por...

- Su bienestar
- Mi bienestar
- Límites saludables
- Mi seguridad

ESPERO QUE LA GENTE SEA RESPONSABLE

SOY UNA PERSONA QUE AYUDA-GUÍA

PUEDO CONFIAR Y SOLTAR

Nota: Fuente desconocida, la tabla original ha sido adaptada por Living Waters of Hope

Nota: La fuente es desconocida, la tabla original ha sido adaptada por Living Waters of Hope

Seis pasos para la Cordura (S.A.N.I.T.Y)

Stop. **Detén tu propio comportamiento negativo**: Reemplaza esa plática negativa contigo misma con una positiva. Puedes permanecer en control de la situación y de tu respuesta.

Assemble. **Forma un grupo de apoyo**: Necesitamos a otros durante nuestras luchas y tribulaciones que puedan motivarnos al escucharnos, orar por nosotras u ofrecer consejo y un hombro en el cual recargarnos. A veces tenemos que distanciarnos emocionalmente de nuestras circunstancias y verlas objetivamente para poder tener una perspectiva saludable.

Nip. **Corta las excusas de raíz**: Las excusas son uno de los obstáculos con los que podemos toparnos cuando establecemos límites. Las excusas pueden venir de ti misma o de la persona con la que estás estableciendo límites. Estas excusas frecuentemente son justificaciones del comportamiento negativo.

Implement. **Implementa un plan de acción**: Implementar un plan de acción se trata de tomar acción. Un plan de acción se vuelve más poderoso cuando lo escribimos en papel. Este proceso te ayudará a verte a ti misma de una manera diferente y a desarrollar nuevos hábitos.

Trust. **Confía en la voz del Espíritu**: Dios puede guiarnos y a veces detenernos en el proceso de tomar decisiones. Dios nos ofrece sabiduría espiritual y discernimiento, pero todo comienza con la confianza (Proverbios 3:5-6).

Yield. **Entrégale todo a Dios**: "Déjalo ir y deja que Dios actúe" significa que debemos dejar ir las expectativas no realistas, las emociones negativas y las mentiras del enemigo. Debemos tomar la decisión de entregarle todo a Dios, y esto cambiará nuestra vida para siempre. [70]

¿En dónde te encuentras dentro de estos pasos? (Nota: estos pasos no necesariamente llevan una secuencia)

_____

_____

_____

_____

Poema del Lector: Límites

El confundir tu responsabilidad con asumir la responsabilidad ajena

es un problema de límites.

Los límites son cualquier cosa que ayuda

a diferenciarte de alguien más.

Éstos requieren que tengas la habilidad de hablar la verdad

y se desarrollan con práctica y apoyo.

Cambia tú misma

para que los patrones destructivos de otros ya no te afecten.

Esto es mayordomía, no egoísmo.

La gente que es dueña de su propia vida

elige basándose en el amor, no en la culpa.

A veces necesitamos renegociar una relación

y los sentimientos son señales de advertencia.

¿Qué necesitas?

¿Cómo te sientes?

¿Qué piensas y qué deseas?

Somos responsables de nosotras mismas.

Los límites son parte de cualquier relación.

Busca apoyo. Practica. Considera que habrá oposición.

Concéntrate en cambiar tu falta de límites.

El crecimiento debe ocurrir a un ritmo relativo al daño sufrido en el pasado.

El objetivo es la madurez—

amando y trabajando como Dios lo hace.

Este poema fue escrito por Samuel Rahberg después que leyó *Límites: Cuando Decir SI, Cuando Decir NO para Tomar el Control de Tu Vida* por Henry Cloud y John Townsend. [71]

Al *vivir*
la verdad
con amor,
creceremos
hasta ser en todo
como Jesús.

Efesios 4:15

Lección 10 – Límites Saludables – Parte 2 de 2

Objetivo: Aprender a determinar, implementar y seguir los límites.

Versículo Clave: *"Así ya no seremos niños, zarandeados por las olas y llevados de aquí para allá por todo viento de enseñanza y por la astucia y las artimañas de quienes emplean métodos engañosos. Más bien, **al vivir la verdad con amor, creceremos** hasta ser en todo como Aquel que es la cabeza, es decir, Cristo."* **Efesios 4:14-15**

Hablemos de esto

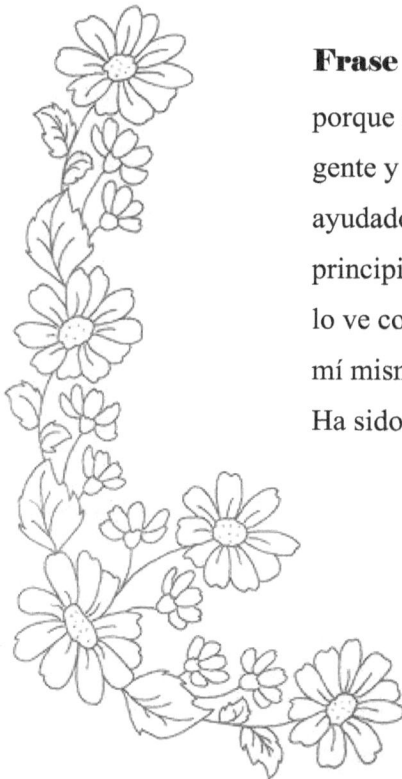

Frase de una Hermana: "Siempre se me ha hecho difícil establecer límites porque soy una persona que le gusta complacer a la gente. Quiero agradarle a la gente y ser feliz. No he sido muy buena defendiéndome. Establecer límites me ha ayudado a encontrar mi voz y verbalizar lo que es bueno y saludable para mí. Al principio, mi esposo tenía mucho enojo y frustración, pero luego todo se calmó. Él lo ve como si yo fuera egoísta y quisiera tener el control. Tuve que recordarme a mí misma que no es egoísmo sino una forma saludable de protegerme a mí misma. Ha sido aterrador, pero también ha sido empoderador"— Kati

¿De qué manera te puedes identificar con lo que Kati comparte?

_____

_____

¿Qué crees que Dios te está diciendo en el versículo clave?

_____

_____

Recordatorios de Límites Saludables - Parte 1

Los límites reflejan quién eres y qué es lo que valoras, así como también definen dónde empieza y dónde termina tu responsabilidad. **Es como poner un cerco imaginario alrededor de lo que tú crees que es apropiado e inapropiado, correcto e incorrecto, y aceptable y no aceptable.** Los límites son tus protectores y amigos. **En una relación no saludable, el propósito de establecer** límites tiene tres objetivos: 1) **mantenerte segura**, 2) **minimizar o evitar el abuso** y 3) **evaluar si tu esposo tiene la intención de trabajar hacia una relación más saludable.** Las respuestas de tu esposo a tus límites te darán esperanza de un futuro mejor juntos, o bien, harán que el reloj avance hacia una posible separación, por lo que se necesita mucha oración.

El versículo clave, Efesios 4:14-15, refleja la idea de que un límite consiste en decir la verdad con amor y al mismo tiempo contrarrestar las tácticas manipuladoras y engañosas que están presentes en el abuso doméstico. Los límites ayudan a mantenerte segura y fomentan el crecimiento personal para ti y posiblemente para tu esposo si él decide hacerlo. Sin límites, el abuso solo aumentará. Si tu esposo ha sido físicamente abusivo, en vez de trazar un límite, se recomienda mucho buscar un lugar más seguro para vivir. Martin Luther King Jr. dijo estas palabras: "Nuestras vidas comienzan a terminar el día en que guardamos silencio sobre las cosas que realmente importan." [72]

Menciona algo que creas que es realmente importante para ti y quisieras hablar de ello.

_____

_____

_____

_____

Tres Pasos que te Ayudarán al Establecer Límites

Estos pasos son como un ejercicio que te ayudará a procesar tus sentimientos y organizar tus pensamientos. Esto no es lo que estarás comunicando a tu esposo. Más adelante en esta lección veremos una manera simple de hacerle saber tus límites.

Paso 1 - *IDENTIFICA una ofensa específica o un comportamiento hiriente que quieres que termine.* Si para ti es algo nuevo establecer límites, quizá al principio se sienta como una tarea desalentadora, difícil o que te genere estrés, especialmente estando en una relación no saludable. **Una vez que comienzas a ver progreso, se volverá algo más familiar y cómodo con el tiempo y la práctica, pero sin duda nunca es fácil.**

Escoge un comportamiento hiriente que te gustaría que minimice o termine. Sé realista.

_____

_____

Paso 2 – _SÉ CONSCIENTE de cómo te sientes_ **en respuesta a ese comportamiento hiriente y** _por qué._ Puede ser desafiante identificar tus sentimientos después de tener que adormecerlos por años para sobrevivir y adaptarte a una vida llena de abuso. **Darle nombre a tus sentimientos te puede ayudar a aclarar tu proceso de pensamiento y confirmar por qué estás estableciendo límites.** Para las mujeres que recién comienzan su proceso de sanidad esto puede tomar tiempo. Por favor lee la **"Tabla de Sentimientos"** (Recurso #10B del Proceso de Sanidad) para darle nombre a lo que hay en tu corazón.

Ejemplo: Me siento ENOJADA cuando hablas _de forma negativa acerca de mi en público_ **porque** _es irrespetuoso y degradante._

Me siento _____ **cuando tu …** (la ofensa identificada en el paso 1)

_____

Porque (razón)

_____.

El proceso de establecer límites requiere una comunicación saludable. **Usar frases que comiencen con "yo" en lugar de "tú" se perciben de una manera no amenazante porque ponen el énfasis en cómo tú te sientes en vez de qué está haciendo o diciendo tu esposo.** Piensa en cómo te sentiste cuando tu esposo usó la frase "tú" para echarte la culpa y poner la vergüenza en ti. Aprende de eso para entender cómo ser más respetuosa ya que esto honra a Dios y te evita que tú misma caigas en pecado. Dos errores no se convierten en un bien.

Paso 3- _DETERMINA qué tipo de consecuencia_ usarás si el límite se rompe. Todos los límites necesitan una _consecuencia._ **Es importante escoger una consecuencia que puedas cumplir de manera consistente, y teniendo como prioridad tu seguridad.** Sé realista, ya que un límite es exitoso solo si su consecuencia y la capacidad para cumplirla también lo son.

Una consecuencia no es un castigo con el fin de manipular o controlar a otra persona. Tiene la intención de protegerte de un comportamiento no saludable o inseguro. No es una amenaza o un asunto de control, simplemente una declaración de lo que tú crees que es un comportamiento inaceptable o inapropiado. Una vez más, sirve para afirmar la verdad de que tú eres responsable de tus elecciones y tu esposo es responsable de las suyas. Por ejemplo:

Por lo tanto, cuando elijas *hablar negativamente de mi en público,* **elegiré** alejarme.

Otras posibles consecuencias son: Me iré del lugar; le diré a otros por qué me estoy yendo si lo preguntan.

Por lo tanto, cuando tú eliges

(ofensa)_____,

Yo elegiré

(consecuencia)_____.

Junta todos los pasos:

Me siento ENOJADA cuando tú *hablas negativamente de mi en público* **porque** *es irrespetuoso y degradante.* **Así que, cuando elijas** *hablar negativamente de mi en público,* **elegiré** alejarme.

Las consecuencias pueden ser progresivas si ves que tu límite no es respetado. Por ejemplo, si has trazado un límite que tiene que ver con el abuso verbal en tu casa, considera estas opciones:

- Dejaré de participar en la conversación (hasta que me sienta cómoda y segura).
- Saldré de la habitación… casa… relación, y regresaré cuando me sienta más segura.

¿Qué has aprendido de ti misma con este ejercicio?

_____

_____

_____

_____

Simplifica el Límite

Ahora que ya has podido trabajar en estos pasos para aclarar tus pensamientos y sentimientos, puedes simplificar el proceso. En el ámbito del abuso doméstico, usa las palabras suficientes para comunicar tu límite sin dar explicaciones muy largas, ya que tu esposo podría usar tus palabras en tu contra más tarde. Esto puede tomar tiempo y deberás experimentar primero, lo cual es totalmente normal y ESTA BIEN.

¿Cuáles podrían ser algunas declaraciones simples y auto afirmativas que podrías hacer? Lee **"Declaraciones Asertivas"** (Recurso #10C del Proceso de Sanidad).

_____

_____

_____

_____

Finalmente, recuerda que un límite es una _petición_ porque tú no puedes controlar su respuesta, en contraste con una _orden,_ la cual, si puedas controlar, por ejemplo, un padre diciéndole a su hijo qué hacer.

Aquí hay dos ejemplos: [73]

Los límites como una orden:	Los límites como una petición con consecuencias:
1. "Deja de gritarme, tienes que ser más amable."	1. "Puedes continuar gritando si así lo eliges. Pero yo elegiré no estar en tu presencia cuando actúes así."
2. "Tienes que dejar de beber. Estas arruinando a nuestra familia. Por favor escucha porque estás destruyendo nuestras vidas."	2. Puedes elegir no lidiar con tu forma de beber si tu quieres, pero yo no seguiré exponiéndo a los niños, ni a mí, a este caos. La próxima vez que estés borracho y nos grites, iremos a casa de los Wilson, y les diré por qué estamos ahí. La forma como decides beber, es tu elección. Lo que yo decido tolerar, es mi elección."

¿Cómo puedes expresar un límite usando las palabras "elegir" o "elección" de esta manera?

_____

_____

_____

_____

Implementando el Límite

Es necesario tomar una decisión sobre la forma más segura y eficaz de comunicar un límite antes de implementarlo. Este es un momento en que la sabiduría divina te ayudará a discernir si es mejor comunicarlo de forma verbal o simplemente actuar en consecuencia. Por obvias razones, si eliges tener una conversación, hazlo en una fase de calma del ciclo de abuso. De manera respetuosa, comunica tus límites con todas las palabras que tú creas sea necesario.

Mantén tu conversación corta y dulce sin la necesidad de ofrecer una explicación. Muchas mujeres han compartido que todo lo que digan un día, puede ser usado en su contra al día siguiente o al mes siguiente, ¡así que menos es más! No uses la palabra "abuso", en su lugar usa palabras como irrespetuoso, problema de enojo, y comportamiento controlador porque es más fácil que él acepte esos términos en este momento. Ora y trata de mantenerte tranquila. **Es importante hablar la _verdad en amor_ de la mejor forma que puedas por el bien de todos.**

Quizá te sientas temerosa, lo cual es comprensible, dadas las circunstancias que vives. Proverbios 9:10 dice "El comienzo de la sabiduría es el temor del Señor." Ten cuidado de que el temor a tu esposo no es mayor que tu temor al Señor cuando trazas límites saludables y que honran a Dios. Aunque tu límite saludable pueda aumentar el enojo de tu esposo, tú estás tratando de reducir el conflicto, lo cual honra a Dios, a ti misma e incluso a tu esposo. Una vez más, para los esposos que son más violentos o furiosos, los límites pueden no ser seguros o incluso no ser posibles.

"La valentía no es la ausencia de miedo sino más bien el juicio de que algo más es mucho más importante que el miedo."   Ambrose Redmoon (también conocido como James Hollingworth)

A estas alturas, ¿qué es más importante que tu miedo a la respuesta de tu esposo?

_____

_____

_____

_____

_____

Qué Respuestas Esperar

Ya sea que estés en tu matrimonio o no, una vez que has establecido tu límite, el mayor desafío será que tu esposo respete ese límite porque sentirá que ha perdido el control. **Por favor entiende que cuando tu esposo no respeta tu límite, te está faltando al respeto.**

Algo que seguramente sucederá es que tu esposo pondrá a prueba tu límite, porque quiere ver qué tan decidida estás en llevarlo a cabo. Esto puede resultar en que su enojo aumente o incluso puede parecer que lo está cumpliendo por un tiempo. Puede que él tenga algunos trucos para mantener el control. Recuerda, el límite refleja la nueva forma en que responderás a sus formas controladoras y darle la oportunidad de que cambie su comportamiento.

Con el tiempo, algunas mujeres han visto ciertos avances en su relación lo cual es siempre el objetivo deseado, pero desafortunadamente, en la mayoría de los casos no sucede así. **Aunque esto es muy desalentador, recuerda que uno de los objetivos de establecer límites es evaluar si tu esposo tiene un deseo de trabajar hacia una relación más saludable.** En otras palabras, los límites ayudan a revelar el corazón de tu esposo, lo cual es importante para que puedas tomar decisiones seguras y sabias.

Si puedes mantenerte a salvo, mantente fiel a tus límites mientras tienes en mente tus objetivos. Ten siempre cerca tu red de apoyo. **Experimentarás un sentido de empoderamiento, un control saludable y libertad.** Una vez más, puede ser incomodo y aterrador al principio, pero cada vez será más fácil con la práctica y conforme pasa el tiempo.

Cómo Seguir Adelante Cuando un Límite se ha Roto

Cuando se rompe un límite, no necesitas enojarte o entrar en un debate. No necesitas gritarle o defenderte. Incluso, no necesitas responder. Solo necesitas calmarte y llevar a cabo la consecuencia, aún si solo es permanecer en silencio. **Entre menos reacciones cuando él quiere reprenderte, *menos* control le permitirás tener sobre ti. Proverbios 20:3** nos enseña que "Honroso es al hombre (mujer) evitar la contienda, pero no hay necio que no inicie un pleito." Dicho esto, mantente en calma para honrarte a ti misma y a Dios. Sé respetuosamente firme a menos que tu seguridad se vea comprometida, porque en ese momento es mejor hacer lo necesario para mantenerte a salvo. Tu respuesta calmada hace que sea más fácil para tus hijos (si están presentes) ver qué o quién es la verdadera causa del problema en tu matrimonio. También esto les ayuda a establecer límites.

¿Cuáles son algunas maneras para mantenerte "alejada del conflicto" cuando un límite se rompe (Proverbios 20:3)?

_____

_____

_____

Si el límite continúa siendo ignorado, el paso final en el proceso de llevar a cabo los límites es determinar cuál será una consecuencia a largo plazo. Una continua falta de respeto a tus límites revela la continua falta de respeto de tu marido hacia ti. Puede ser una confirmación final de que la relación es insegura, irreconciliable y no saludable. Si decides buscar un lugar más seguro para vivir, no es necesario que le comuniques esta consecuencia final. Muchas mujeres han expresado que no es seguro hacer esto porque puede provocar que el esposo se enoje aún más o que finja cumplirlo para evitar que te vayas.

Necesitas saber que los tres momentos más peligrosos para ti son: cuando comunicas a tu esposo que estás pensando en irte, cuando decides irte y/o después de que te has ido. Por eso, es muy importante que prepares un **plan de seguridad** sólido **(Apéndice B y C).** Debes saber que establecer un límite es más fácil de hacer desde una distancia segura. La separación es un momento en el que puedes buscar sanidad emocional, física y espiritual. Estaremos mencionando la dinámica para tener una separación saludable en el *Estudio Bíblico Oasis – Libro Dos – Encontrando la Verdad y la Fuerza.*

¿Cuál es una verdad de la lección de hoy que te puede ayudar en tu proceso de sanidad?

_____

_____

_____

_____

Querido Jesús,

Ayúdame a abrazar el valor que Tú has puesto en mi como el fundamento de un límite saludable. Protégeme, y dame el coraje y la sabiduría para hablar la verdad en amor porque es muy fácil sentir miedo. Ayúdame a comunicar mis límites de una manera respetuosa y con calma. Revélame el corazón de mi esposo a través de este proceso. Oro para que él quiera responder positivamente a la verdad que el Espíritu Santo le habla todos los días.

Oro por las áreas donde hay heridas que aún no han sanado en él y en mí. Dame fuerza para defender respetuosamente Tus valores y quién Tú dices que soy.

En tu nombre poderoso, ¡Amén!

Un Paso Fuera del Desierto

ESTABLECE un límite saludable

Living Waters of Hope

¿Qué te está diciendo Dios a través de estos tres versículos?

_____

_____

_____

_____

Gálatas 6:5 – *"Que cada uno cargue con su propia responsabilidad."*

Proverbios 4:23 – *"Por sobre todas las cosas cuida tu corazón, porque de él mana la vida."*

2 Timoteo 1:7 – *"Pues Dios no nos ha dado un espíritu de timidez, sino de poder, de amor y de dominio propio."*

Afirmaciones Clave de la Lección 10

1. Los límites ponen un cerco imaginario alrededor de lo que tú crees que es apropiado e inapropiado, correcto e incorrecto, y aceptable y no aceptable.

2. En una relación no saludable, el propósito de establecer límites tiene tres objetivos: 1) mantenerte segura, 2) minimizar o evitar el abuso y 3) evaluar si tu esposo tiene la intención de trabajar hacia una relación más saludable.

3. Efesios 4:14-15 refleja la idea de que un límite consiste en decir la verdad en amor y al mismo tiempo contrarrestar las tácticas manipuladoras y engañosas que están presentes en el abuso doméstico.

4. Los límites ayudan a mantenerte segura y fomentan el crecimiento personal para ti y posiblemente para tu esposo si él decide hacerlo.

5. Sin límites, el abuso solo aumentará.

6. Los tres pasos para establecer límites son:

   - **Paso 1 - *IDENTIFICA*** *una ofensa específica o un comportamiento hiriente* que quieres que termine.
   - **Paso 2 – *SÉ CONSCIENTE*** *de cómo te sientes* en respuesta a ese comportamiento hiriente y por qué.
   - **Paso 3- *DETERMINA*** *qué tipo de consecuencia usarás* si el límite se rompe.

7. Una vez que comienzas a ver progreso, se volverá algo más familiar y cómodo con el tiempo y la práctica, pero sin duda nunca es fácil.

8. Darle nombre a tus sentimientos te puede ayudar a aclarar tu proceso de pensamiento y confirmar por qué estás estableciendo límites.

9. Usar frases que comiencen con "yo" en lugar de "tú" se perciben de una manera no amenazante porque ponen el énfasis en cómo tú te sientes en lugar de qué está haciendo o diciendo tu esposo.

10. Es importante escoger una consecuencia que puedas cumplir de manera consistente y teniendo como prioridad tu seguridad.

11. Una consecuencia no es un castigo con el fin de manipular o controlar a otra persona.

12. Es necesario tomar una decisión sobre la forma más segura y eficaz de comunicar un límite antes de implementarlo.

13. Es importante hablar la *verdad en amor* de la mejor forma que puedas por el bien de todos.

14. Ya sea que estés en tu matrimonio o no, una vez que has establecido tu límite, el mayor desafío será que tu esposo respete ese límite porque sentirá que ha perdido el control.

15. Por favor entiende que cuando tu esposo no respeta tu límite, te está faltando al respeto. Aunque esto es muy desalentador, recuerda que uno de los objetivos de establecer límites es evaluar si tu esposo tiene un deseo de trabajar hacia una relación más saludable.

16. Experimentarás un sentido de empoderamiento, un control saludable y libertad.

17. Cuanto *menos* reacciones cuando él quiere reprenderte, *menos* control le permitirás tener sobre ti. Si el límite continúa siendo ignorado, el paso final en el proceso de llevar a cabo los límites es determinar cuál será una consecuencia a largo plazo.

¿Cómo te Sientes Hoy?

Feliz			
Fuerte emocionada	encantada	alegre	eufórica
jubilosa	fantástica	amada	entusiasta
Leve orgullosa	alegre	agradecida	aceptada
valorada	confiada	admirada	apreciada
divertida	encantada	optimista	motivada
Débil contenta	bien	complacida	conforme
pacífica	satisfecha	esperanzada	afortunada

Asustada			
Fuerte asustada	aterrada	horrorizada	temerosa
en shock	frenética	a la defensiva	espantada
vulnerable	desesperada		abrumada
Leve tensa	alarmada	insegura	agitada
sorprendida	sospechosa	inquieta	aprensiva
cautelosa	escéptica	tímida	amenazada
Débil tímida	reacia		dudosa
ansiosa	preocupada	insegura	nerviosa

Confundida			
Fuerte desconcertada	atrapada	nerviosa	paralizada
frustrada	restringida	estancada	sin dirección
Leve confundida	dudosa	ambivalente	incomprendida
titubeante	deshecha	afligida	desorganizada
perpleja	desconcertada	incómoda	distraída
Débil sorprendida	insegura	molesta	incómoda
incierta	indecisa	inestable	

Enojada

Fuerte	abusada	enfurecida	hostil	rebelde
	indignada	furiosa	odiosa	ultrajada
	rechazada	traicionada	explotada	enojada
Leve	ofendida	irritada	provocada	resentida
	disgustada	molesta	acosada	coaccionada
	sofocada	frustrada	agitada	engañada
	agraviada	controlada	exasperada	furiosa
Débil	tensa	desmayar	intolerante	disgustada

Triste

Fuerte	desesperanzada	indefensa	vacía	devastada
	miserable	no deseada	no amada	triste
	aplastada	sin valor	abandonada	melancólica
	herida	abatida	deprimida	rechazada
	lastimada	drenada	derrotada	condenada
	desolada	humillada	cargada	deshonrada
Leve	solitaria	resignada	avergonzada	decepcionada
	distante	aislada	apartada	molesta
	culpable	abandonada	descuidada	menospreciada
	inadecuada	privada	humillada	inútil
Débil	arrepentida	mal	apática	perdida

Esta tabla ha sido adaptada del original de A. Turock, Training Helpers, (1978), por Jennie L. Mitchell

Sentimientos Opuestos Identificados (Jennie Mitchell's Lead to Free Program)

"ACTITUD DE NEGATIVIDAD"

1	desprotegida	6	no aceptada	11	juzgada	16	tonta	21	sin apoyo
2	insegura	7	despreciada	12	avergonzada	17	sucia	22	incomprendida
3	no deseada	8	insuficiente	13	invisible	18	perdedora	23	minimizada
4	no valorada	9	no merecedora de otra oportunidad	14	que no pertenece	19	malvada	24	
5	no escuchada	10	no le da gusto a nadie	15	traicionada	20	fracasada	25	

"ACTITUD DE FORTALEZA"

1	protegida	6	aceptada	11	adorada	16	inteligente	21	apoyada
2	segura	7	apreciada	12	segura	17	limpia	22	comprendida
3	deseada	8	maravillosa	13	vista	18	ganadora	23	respetada
4	valorada	9	esto es fácil	14	pertenece	19	buena	24	
5	escuchada	10	complacida	15	confiable	20	triunfadora	25	

Declaraciones Afirmativas

Nota: Se necesita orar y tener cuidado para saber si es prudente decir estas declaraciones. Tú conoces a tu esposo o novio mejor que nadie para determinar esto. Debido a que algunas de estas declaraciones pueden incrementar el abuso, este es un momento en el que debes ser muy sabia y discernir si es mejor hablar o permanecer en silencio. Recuerda que Dios siempre está peleando por ti.

❖ La gente que se preocupa por mí no me trata de esta manera.

❖ No está bien que me hables de esta manera.

❖ No está bien que me trates de esta manera.

❖ Tus gritos ya no van a funcionar.

❖ Esta vez no me vas a intimidar.

❖ Sé que esto siempre te ha funcionado en el pasado, pero quiero que sepas que ya no va a funcionar.

❖ No me quedaré aquí parada para que me grites.

❖ Discutiré este tema contigo cuando te calmes.

❖ No aceptaré que me menosprecies.

❖ Me has controlado con este comportamiento en el pasado, pero quiero que sepas que ya no será así.

❖ No soy la misma persona que era antes. [74]

Estudio Bíblico Oasis

Recursos del Proceso de Sanidad para las Lecciones 1-10

Lección 1 – Esperanza para el Presente

Pág. 22 - #1A – Afirmaciones Clave de la Lección 1

Pág. 24 - #1B – Los Siete Beneficios de la Esperanza

Pág. 25 - #1C – Grupos de Estudio Bíblico Oasis

Lección 2 – Aclarando la Confusión

Pág. 42 - #2A – Afirmaciones Clave de la Lección 2

Pág. 45 - #2B – Ciclo del Abuso

Pág. 46 - #2C – Síntomas de una Personalidad Narcisista

Lección 3 – Exponiendo la Oscuridad

Pág. 60 - #3A – Afirmaciones Clave de la Lección 3

Pág. 62 - #3B – Rueda de la Equidad

Pág. 63 - #3C – Signos del Vínculo del Trauma

Lección 4 – Reparando las Piezas Rotas

Pág. 78 - #4A – Afirmaciones Clave de la Lección 4

Pág. 80 - #4B – Señales de Alarma

Pág. 83 - #4C – Obstáculos para Romper con el Silencio Espiritual

Lección 5 – Controlando tu Enojo

Pág. 97 - #5A – Afirmaciones Clave de la Lección 5

Pág. 99 - #5B – Manejo del Enojo – 10 Tips para Controlar tu Enojo

Lección 9 – Límites Saludables – Parte 1 of 2

Lección 10 – Límites Saludables – Parte 2 of 2

Recursos Adicionales:

Preparando un Plan de Seguridad

Una de las cosas más importantes que puedes hacer cuando elabores tu plan de seguridad es hablar con alguna persona experta en ayudar a víctimas de violencia doméstica, para que te ayude a entender las medidas de seguridad, cuáles son tus derechos y puedas tener los recursos necesarios dentro de tu comunidad (por ejemplo, refugios, apoyo económico o bancos de alimentos). También puedes encontrar este tipo de personas a través de una agencia u organización local que ayuden a víctimas de violencia doméstica, la cual te dará este servicio sin ningún costo. Las siguientes medidas de seguridad se han obtenido de diferentes planes de seguridad y organizaciones de violencia doméstica alrededor del país. El seguir estas indicaciones no asegura que estarás a salvo, pero puede ayudar a mejorar tu situación de seguridad.

Seguridad Personal con un Abusador

- Identifica el uso y nivel de fuerza de tu pareja para que puedas darte una idea del peligro en el que tú y tus hijos pueden estar antes de que cualquier cosa ocurra.
- Trata de evitar cualquier situación abusiva alejándote del lugar.
- Identifica áreas seguras en tu casa donde no haya armas y donde siempre haya una salida cercana. Si empieza una discusión violenta, ve a una de esas áreas.
- No huyas a donde están los niños, pues tu pareja podría lastimarlos también.
- Si no puedes evitar la violencia, dirígete a una esquina y siéntate formando una pelota, con tu cara agachada, tus brazos protegiendo los lados de tu cabeza y los dedos de tus manos entrelazados sobre tu cabeza.
- Si es posible, ten siempre a la mano un teléfono, así como los números de emergencia. Investiga el número de algún refugio local para mujeres. No tengas miedo de hablar a la policía.
- Avísale a tus amigos o vecinos la situación que estás viviendo y arma un plan y alguna seña visual para cuando necesites ayuda.

- Enséñale a tus hijos cómo pedir ayuda. Instrúyelos para que no participen de la violencia entre tú y tu pareja. Planea una palabra secreta cuando sea necesario que ellos vayan a pedir ayuda o salir de la casa.

- Explícale a tus hijos que la violencia nunca es la solución y no es correcto, aun cuando alguien a quien aman está siendo violento. Explícales que ni ellos ni tu tienen la culpa de dicha violencia y que cuando alguien está siendo violento, es necesario protegerse.

- Practica formas de salir de tu casa de una manera segura. Practica con tus hijos.

- Planea qué harás si tus hijos le dicen a tu pareja sobre tu plan o si él se entera por su cuenta.

- Mantén las armas como pistolas y cuchillos bajo llave y lo más inaccesibles posible.

- Desarrolla el hábito de estacionar el coche en una posición donde esté listo para salir y siempre con suficiente gasolina. Mantén la puerta del conductor abierta y las demás puertas cerradas para mayor seguridad.

- Trata de no usar bufandas o joyería muy larga porque podría servir como arma para ahorcarte.

- Crea diferentes razones creíbles para salir de la casa a diferentes horas del día o noche.

- Habla a algún número de emergencia para víctimas de violencia doméstica periódicamente para conocer las opciones que tienes y recibir apoyo de alguien que te escuche.

Preparándote para irte

- Guarda cualquier evidencia del abuso físico, como fotografías de moretones o ropa desgarrada.

- Debes saber a dónde ir para conseguir ayuda; avísale a alguien lo que está pasando.

- Si estás herida, ve con un doctor o a urgencias y reporta lo ocurrido. Pide que documenten tus heridas.

- Haz un plan con tus hijos para encontrar un lugar seguro para ellos (por ejemplo, un cuarto con llave o la casa de una amiga a donde puedan ir a pedir ayuda). Recuérdales que su trabajo es mantenerse a salvo, no protegerte.

- Contacta el refugio para mujeres más cercano e investiga las leyes y otros recursos disponibles antes de que necesites usarlo en una crisis.

- Lleva un diario donde documentes todos los actos violentos, anota fechas, eventos y amenazas que te hizo.
- Aprende nuevas habilidades de trabajo o toma clases/cursos en alguna universidad.
- Trata de apartar una cantidad de dinero o pídele a familiares o amigos que te lo guarden.
- Guarda algunas de tus pertenencias con amigos o familiares. Deja con ellos ropa, medicinas, tu tarjeta de identificación, una tarjeta de crédito (si es posible), acta de nacimiento, cartillas de vacunación de los niños, calificaciones de la escuela, juguetes, seguro de gastos médicos, dinero y algún otro objeto de valor que tu consideres necesario.

El Día que Decidas Irte ...

- Vete cuando sea el momento menos esperado, por ejemplo, en un momento de calma o en una situación donde estén de acuerdo.
- Deja un rastro falso. Llama a hoteles, agencias de bienes raíces y escuelas que estén al menos a seis horas de distancia de donde planeas mudarte. Haz preguntas que requieran una llamada a tu casa para dejar esos números de teléfono registrados.

Pautas Generales para Dejar una Relación Abusiva

- Haz un plan para saber cómo escaparás y a dónde irás.
- Planea un escape rápido.
- Ten a la mano dinero para emergencias.
- Esconde un juego de llaves extra.
- Lleva contigo números telefónicos de amigos, familiares, doctores, escuelas, etc., así como otros artículos importantes:

    o Licencia de conducir
    o Medicinas
    o Lista de tarjetas de crédito (número de cuenta y fecha de vencimiento) propias o compartidas, o bien, la tarjeta físicamente si tienes acceso a ella.
    o Recibos de pago
    o Chequeras e información sobre cuentas bancarias y otros activos.

Si tienes tiempo, también lleva contigo:

- o Documentos que acrediten tu ciudadanía (pasaporte, green card, etc.)
- o Títulos, escrituras u otra información de las propiedades y declaraciones de impuestos
- o Registros médicos
- o Documentos de la escuela de los niños y cartillas de vacunación
- o Información de tus aseguradoras
- o Copia del Acta de Matrimonio, Actas de Nacimiento, Testamento y otros documentos legales
- o Verificación de los Números de Seguridad Social
- o Identificación de Bienestar
- o Fotos importantes, joyería o artículos personales.

Después de Dejar la Relación Abusiva

Si vas a obtener una orden de restricción y el agresor se va a ir:

- Cambia las cerraduras de las puertas y tu número de teléfono.
- Cambia tus horarios de trabajo y las rutas que usas para ir al trabajo.
- Cambia la ruta que tomas para llevar a los niños a la escuela.
- Ten siempre a la mano una copia certificada de la orden de restricción.
- Avisa a tus amigos, vecinos y empleados que tienes una orden de restricción llevándose a cabo.
- Dale una copia de la orden de restricción a tus jefes en el trabajo, vecinos y escuela, así como una foto del agresor.
- Si está disponible en tu comunidad, regístrate en VINE Protective Order™ para recibir una notificación inmediata cuando se entregue la orden, cuando se lleven a cabo las audiencias y cuando se presente cualquier enmienda a la orden. Pregúntale a tu defensor o a la policía sobre este servicio.
- Habla a la policía en cualquier momento que sea necesario aplicar la orden de restricción.
- Siempre lleva tu celular cargado y con el número de emergencia grabado.

Si tú eres la que te vas:

- Puedes rentar un apartado postal para recibir tu correo.

- Ten en cuenta que las direcciones aparecen en las órdenes de restricción y reportes de la policía.

- Ten cuidado a quién le das tu nueva dirección y número de teléfono.

- Cambia tus horas de trabajo si es posible.

- Avisa a las autoridades de la escuela sobre la situación.

- Considera cambiar a tus hijos de escuela.

- Cambia cualquier cita que tengas que tu agresor pueda conocer.

- Ve a tiendas diferentes a las que acostumbras.

- Alerta a tus vecinos y pídeles que hablen a la policía si ven que estás en peligro.

- Habla con gente que confíes acerca de la violencia que vives.

- Reemplaza las puertas de madera por puertas de acero o metal.

- Si es posible, instala cámaras de seguridad.

- Instala un sistema de alumbrado que se encienda automáticamente cuando alguien llega.

- Avísale a tus compañeros de trabajo acerca de la situación y pide en la recepción que documenten tus llamadas.

- Dile a las personas que cuidan a tus hijos qué personas sí están autorizadas para recogerlos. Explícales la situación y dales una copia de la orden de restricción.

- Si tienes una línea telefónica residencial, solicita un identificador de llamadas para saber cuándo llama. Además, solicita que se bloquee tu número para que cuando hagas llamadas, nadie pueda reconocer tu número. En cuanto a tu celular, ten cuidado de que la configuración de GPS no esté activada para que nadie pueda conocer tu ubicación. Es posible que para cuestiones legales sí necesites brindar tu registro de llamadas.

- Recibe ayuda continua para violencia doméstica y proveedores de salud mental.

Plan de Seguridad Personalizado de Violencia Doméstica

Nombre:_____Fecha:_____

Los siguientes pasos representan mi plan para reforzar mi seguridad y prepararme con tiempo ante la posibilidad de sufrir violencia. Aunque yo no tengo control sobre la violencia que ejerce mi pareja, sí puedo elegir cómo responder y cómo protegerme a mí y a mis hijos.

PASO 1: Seguridad ante un acto violento.

Las mujeres no siempre pueden evitar un acto violento. Para poder reforzar la seguridad, las mujeres maltratadas pueden usar una variedad de estrategias.

Puedo usar alguna de las siguientes estrategias:

1. Si decido irme, yo _____.
   (Practica como irte de una manera segura. ¿Qué puertas, ventanas, elevador o escaleras usarás?)

2. Puedo dejar mi bolsa y llaves del coche listas en *(lugar donde las dejarás)* _____ para poder irme rápido.

3. Puedo decirle a _____ acerca de la violencia y pedirles que hablen a la policía si sospechan que algo sucede en mi casa.

4. Puedo enseñarles a mis hijos cómo usar el teléfono para contactar a la policía, bomberos o el 911.

5. Usaré _____ como código secreto con mis hijos o amigos para que puedan pedir ayuda.

6. Si tengo que dejar mi casa, iré a _____.
   a. *(Decide esto aún si crees que no habrá una próxima vez.)*

7. También puedo enseñar alguna de estas estrategias a alguno o a todos mis hijos.

8. Cuando siento que vamos a tener una discusión, trataré de irme a un lugar que tenga poco riesgo, como _____. *(Trata de evitar discusiones en el baño, cochera, cocina, cerca de armas o en cuartos sin acceso a una salida.)*

9. Usaré mi intuición y buen juicio. Si la situación se torna seria, puedo darle a mi pareja lo que quiere para tranquilizarlo. Tengo que protegerme a mí misma hasta que esté o estemos fuera de peligro.

PASO 2: Seguridad al prepararte para irte.

Las mujeres maltratadas comúnmente dejan la casa que comparten con su agresor. Cuando se van tiene que ser de una forma cautelosa y siguiendo un plan para mantener la seguridad. Los agresores comúnmente contraatacan cuando creen que una mujer está dejando la relación.

Puedo usar una o todas las siguientes estrategias:

A. Dejaré dinero y un juego de llaves extra con _____, para poder irme rápido.

B. Tendré copias de documentos importantes y llaves_____.

C. Abriré una cuenta de ahorros en _____, para asegurar mi independencia.

D. Otras cosas que puedo hacer para asegurar mi independencia son:

_____.

E. Debo saber que, si estoy en el mismo plan telefónico de mi esposo, él puede saber los número y llamadas que hago, duración, así como mensajes de texto y de donde provienen. Esto incluye números de emergencia y agencias para víctimas de abuso doméstico. Para mantener mis llamadas confidenciales, tendré que usar el teléfono de una amiga o tener mi propio plan.

F. Revisaré con _____ y _____ para ver si puedo quedarme con ellos y pedir prestado algo de dinero.

G. Puedo dejar ropa y dinero extra con _____.

H. Me sentaré y repasaré mi plan de seguridad cada _____ *(intervalo de tiempo)* para asegurar que todo salga conforme a lo planeado.

I. _____ *(nombre de mi amiga o abogado que me ayudará)* ha

acordado en ayudarme a revisar este plan.

J. Practicaré mi plan de escape y cuando sea apropiado, practicaré con mis hijos.

PASO 3: Seguridad en mi propia casa.

Hay muchas cosas que una mujer puede hacer para aumentar su seguridad en su propia casa. Puede ser imposible hacer todo a la vez, pero las medidas de seguridad pueden tomarse paso a paso.

Medidas de seguridad que puedo usar:

A. Puedo cambiar el cerrojo de las puertas y ventanas lo antes posible, después de separarme de mi agresor.

B. Puedo reemplazar las puertas de madera por puertas de acero o metal.

C. Puedo instalar sistemas de seguridad, incluyendo cerrojos adicionales, barras en las ventanas, palos que detengan la puerta y sistemas electrónicos.

D. Puedo comprar escaleras de cuerda para escapar de un segundo piso.

E. Puedo instalar detectores de humo y extintores de fuego para cada piso de mi casa o departamento.

F. Puedo instalar un sistema de iluminación exterior que se active cuando alguien se acerque a mi casa.

G. Enseñaré a mis hijos cuándo y cómo llamarle a _____ *(nombre de mi amiga, etc.)* si acaso mi pareja se lleva a mis hijos.

H. Le diré a las personas que cuidan a mis hijos quienes tienen permiso de recogerlos y que mi pareja no tiene permiso de hacerlo. Las personas a las que avisaré son:

    a. _____ *(nombre de la escuela)*

    b. _____ *(nombre de la niñera)*

    c. _____ *(nombre de la maestra)*

    d. _____ *(nombre de la maestra de escuela dominical)*

    e. _____ *(nombre[s] de otras personas)*

I. Puedo informar a _____ *(vecino)* y_____ *(amigo)* que mi pareja ya no vive conmigo y que deben hablar a la policía si llegan a verlo cerca de mi casa.

J. ¿Hay algo más que sea particular de mi situación?

_____

_____

_____

PASO 4: Seguridad con una Orden de Protección.

Muchos agresores obedecen las órdenes de protección, pero uno nunca puede estar seguro quién si obedecerá y quien no. Reconozco que tal vez necesite pedir a la policía y a la corte que hagan cumplir mi orden de protección.

A. Los siguientes pasos pueden ayudarme a que se cumpla la orden de protección:

B. Tendré mi orden de protección en _____ *(lugar). Siempre mantenla contigo. Si cambias de bolsa, asegúrate de poner la orden en la otra bolsa.*

C. Le daré mi orden de protección al departamento de policía de mi comunidad y del lugar donde trabajo, así como las comunidades donde viven mis amigos y familiares.

D. *Debe haber registros de órdenes de protección de la ciudad y del estado a donde todos los departamentos de policía puedan llamar para confirmar una orden de protección.* Puedo revisar y asegurarme que mi orden está en el registro. Los teléfonos de emergencia de mi ciudad y del estado son: _____ (ciudad) y _____ (estado).

E. Informaré a mi jefe, Pastor, Rabino, etc.; mis amigos más cercanos, y _____ que tengo una orden de protección vigente.

F. Si mi pareja destruye la orden de protección, puedo pedir otra copia oficial, aunque tenga muchas copias simples.

G. Si la policía no coopera, puedo contactar a algún abogado y meter una queja en el Departamento de Policía.

H. Si mi pareja no respeta la orden de protección, puedo hablar al 911 o número de emergencia de mi ciudad, o bien, al Departamento de Policía y reportar la violación a la orden de restricción.

PASO 5: Seguridad en el trabajo y en público.

Cada mujer maltratada tiene que decidir cuándo y si es que quiere decirles a otros que su pareja la maltrata y que puede estar en riesgo continuo. La familia, amigos y compañeros de trabajo pueden ayudar a proteger a las mujeres. Cada mujer debe elegir de manera cuidadosa a qué personas pedirles que la ayuden a mantenerse a salvo:

Puedo hacer una o todas de las siguientes cosas:

A. Puedo informar a mi jefe, supervisor de seguridad y _____ en mi trabajo.

B. Puedo pedir a _____ para que registren mis llamadas en el trabajo.

C. Cuando me vaya del trabajo, puedo

_____.

D. Si tengo un problema al manejar cuando me dirija a mi casa, puedo

_____.

E. Si uso transporte público, puedo

_____.

F. Iré a tiendas y supermercados diferentes, así como un horario distinto al que acostumbraba cuando vivía con mi pareja.

G. Puedo acudir a un banco distinto e ir en un horario diferente al que iba cuando vivía con mi pareja.

PASO 6: Seguridad y uso de Drogas o Alcohol.

Muchas personas en esta cultura usan alcohol. Muchos usan drogas que alteran el estado de ánimo. Mucho de esto es legal en Estados Unidos, pero quizá no en otros países. Las repercusiones legales que se derivan de usar drogas ilegales pueden ser muy graves para mujeres que son maltratadas, puede dañar su relación con sus hijos y puede ponerla en desventaja en otras acciones legales con su agresor. Así que, las mujeres deberían considerar cuidadosamente el costo potencial del uso de drogas ilegales. Más allá de esto, el uso de alcohol y otras drogas puede reducir la habilidad de una mujer para actuar rápidamente y protegerse a sí misma de su agresor.

Además, el uso de alcohol y otras drogas por parte del agresor puede darle una excusa para utilizar la violencia. Se deben elaborar planes de seguridad específicos en relación con el consumo de drogas o alcohol. Si se ha usado drogas o alcohol en la relación con tu agresor, puedes mejorar tu seguridad haciendo una o todas de las siguientes cosas:

A. Si lo voy a usar, lo puedo hacer en un lugar seguro y con gente que entiende el riesgo de violencia y que están comprometidos con mi seguridad.

B. Si mi pareja está consumiendo alcohol/drogas, yo puedo_____y /
   o _____.

C. Para proteger a mis hijos yo puedo _____.

PASO 7: Seguridad y mi salud emocional.

La experiencia de ser maltratada y degradada verbalmente es muy desgastante y te drena emocionalmente. El proceso de construir una nueva vida toma mucho valor y mucha energía.

Para conservar mis recursos y energía emocional, así como evitar momentos difíciles, emocionalmente hablando, puedo hacer lo siguiente:

1. Si me siento abatida y estoy volviendo a una situación posiblemente agresiva, puedo
   _____.

2. Cuando tenga que comunicarme con mi pareja en persona o por teléfono, puedo _____
   _____.

3. Trataré de usar frases conmigo misma que empiecen con "Yo puedo …" y estar firme frente a otros.

4. Puedo decirme a mí misma, "_____"
   cuando siento que otros tratan de controlarme o abusar de mí.

5. Puedo leer _____ para sentirme más fuerte.

6. Puedo llamar a _____ y _____ para recibir ayuda.

7. Puedo tomar cursos o ir a grupos de apoyo sobre violencia doméstica, o puedo_____ para tener una mejor red de apoyo y fortalecer mis relaciones.

PASO 8: Artículos que debo tener conmigo cuando decida irme.

Cuando las mujeres dejan a su agresor, es importante que lleven consigo ciertos artículos. Además de esto, las mujeres algunas veces le dan una copia de sus documentos y un cambio de ropa a alguna amiga, en caso de que tengan que irse rápidamente.

Dinero: Aún si nunca estuve empleada, puedo tomar dinero de cuentas de ahorro o cheques conjuntas. Si no tomo este dinero, él puede tomar el dinero legalmente y cerrar las cuentas.

Los artículos que a continuación se mencionan en **negritas** son los más importantes que debes llevar contigo. Si hay tiempo, puedes llevar los demás artículos o guardarlos fuera de la casa. Es mejor que estos artículos los tengas todos en un mismo lugar por si tienes que salir de emergencia, puedas tomarlos rápidamente. Cuando decida irme, debo llevar conmigo:

* Mi identificación
* Mi acta de nacimiento
* Documentos de la escuela y cartilla de vacunación
* Chequera y tarjeta del cajero automático
* Llaves de la casa, coche y oficina
* Medicinas
* Identificación del Bienestar
* Pasaportes, papeles del divorcio
* Registros médicos de toda la familia
* Contrato de la renta, escrituras de la casa, registro de pagos de la hipoteca
* Papeles del seguro y bancos
* Directorio
* Fotos, joyería
* Juguetes favoritos de los niños / sus mantas
* Artículos con valor sentimental

* Actas de nacimiento de los niños
* Tarjeta de Seguridad Social
* Dinero
* Tarjetas de crédito
* Licencia de conducir
* Copia de la orden de protección
* Permiso de trabajo, green card

Teléfonos que necesito saber:

Policía (local) – 911 o _____

Policía (trabajo) _____

Policía (escuela) _____

Oficina del Fiscal _____

Programa de Mujeres Maltratadas (local) _____

Línea Nacional de Violencia Doméstica (Estados Unidos): 800-799-SAFE (7233) 800-787-3224 (TTY) - www.thehotline.org

Registro de órdenes de protección local _____

Registro de órdenes de protección del estado _____

Número de mi trabajo _____

Numero de casa de mi supervisor _____

Mantendré este documento en un lugar seguro y fuera del alcance de mi agresor potencial.

Fecha de revisión: _____

NATIONAL CENTER
on Domestic and Sexual Violence
training · consulting · advocacy
Tel: 512.407.9020 (voice and fax) · www.ncdsv.org

Producido y distribuido por:

Referencias

Lección 1

[1] Conklin, Jerry. "The God of Hope." 3 July. 2014, *Blogger.com*, http://lcbiblechurch.blogspot.com/2014/07/the-god-of-hope-romans-chapter-15.html.

Lección 2

[2] US Department of Justice. Office of Justice Programs. "Fact Sheet." Nov. 2011. https://www.ojp.gov/sites/g/files/xyckuh241/files/archives/factsheets/ojpfs_domesticviolence.html

[3] Domestic Abuse Intervention Programs. "Power and Control Wheel." https://www.theduluthmodel.org/wheels/.

[4] Wikipedia Contributors. "Narcissistic Abuse." Wikipedia, Wikimedia Foundation, 30 June. 2020. https://en.wikipedia.org/wiki/Narcissistic_abuse.

[5] "What is Gaslighting?" www.loveisrespect.org/content/what-gaslighting/. 28 May. 2014.

[6] Engel, Beverly. *The Emotionally Abusive Relationship: How to Stop Being Abused and How to Stop Abusing.* Wiley. 1992. p. 10.

[7] "Narcissistic Personality Disorder." *Mayo Clinic,* 18 Nov. 2017, https://www.mayoclinic.org/diseases-conditions/narcissistic-personality-disorder/symptoms-causes/syc-20366662.

Lección 3

[8] Hegstrom, Paul. *Angry Men and the Women Who Love Them.* Beacon Hill Press. 2004. p. 37

[9] (Ibid., p. 31).

[10] (Ibid., p. 23).

[11] Dodgson, Lindsay. "People stay in abusive relationships because of something called 'trauma bonding' – here are the signs it's happening to you." Business Insider. 17 Aug. 2017. https://www.businessinsider.com/trauma-bonding-explains-why-people-often-stay-in-abusive-relationships-2017-8.

[12] Domestic Abuse Intervention Programs. "Equality Wheel." https://www.theduluthmodel.org/wheels/.

[13] Carnes, Patrick J. "Trauma Bonds." 2016. https://healingtreenonprofit.org/wp-content/uploads/2016/01/Trauma-Bonds-by-Patrick-Carnes-1.pdf.

Lección 4

[14] Tracy, Steven. *Mending the Soul.* Zondervan. 2005. p. 39-47.

[15] (Ibid., p. 39,40).

[16] (Ibid., p. 42,43).

[17] (Ibid., p. 44).

[18] (Ibid., p. 45).

[19] (Ibid., p. 46,47).

[20] Hegstrom, Paul. *Angry Men and the Women Who Love Them.* Beacon Hill Press. 2004. p. 62.

[21] Jacoby, Barbara. "The Shame of Domestic Abuse." 25 Oct. 2009. www.letlifehappen.com/the-shame-of-domestic-abuse/

[22] Dodgson, Lindsay. "People of stay in abusive relationships because of something called 'trauma bonding' – here are the signs it's happening to you." Business Insider. 17 Aug. 2017. https://www.businessinsider.com/trauma-bonding-explains-why-people-often-stay-in-abusive-relationships-2017-8.

[23] Niequist, Shauna. *Bittersweet: Thoughts on Change, Grace, and Learning the Hard Way.* Zondervan. 2010.

[24] http://www.safeplace.org/RedFlags Note: This link is no longer accessible but is listed to give you the original source of our information. Sorry for any inconvenience.

[25] Hidden Hurt. "Spiritual Obstacles to Leaving Abuse." www.hiddenhurt.co.uk/spiritual_obstacles_to_leaving_abuse.html.

Lección 5

[26] Tracy, Steven. *Mending the Soul.* Zondervan. 2005. p. 95.

[27] Meyer, Joyce. "Dealing with Anger… God's Way." https://joycemeyer.org/everydayanswers/ea-teachings/dealing-with-anger-gods-way.

[28] Meyer, Joyce. "Dealing with Anger… God's Way." https://joycemeyer.org/everydayanswers/ea-teachings/dealing-with-anger-gods-way.

[29] (Ibid.)

[30] Elworthy, Scilla. "Fighting with Nonviolence." *TED: Ideas Worth Spreading.* April 2012. https://www.ted.com/talks/scilla_elworthy_fighting_with_nonviolence.

[31] Mayo Clinic. "Anger Management: 10 Tips to Tame Your Temper." 29 Feb. 2020. https://www.mayoclinic.org/healthy-lifestyle/adult-health/in-depth/anger-management/art-20045434.

[32] Exhaustive Concordance of the Bible, p. 442 (#2734), p. 1523.

[33] Myers, Ruth and Warren. *31 Days of Praise: Enjoying God Anew.* Multnomah Press. 1994. p. 35.

Lección 6

[34] "Enmeshment." Merriam-Webster.com. 2020. https://www.merriam-webster.com/dictionary/boundary.

[35] "Enmeshment." Merriam-Webster.com. 2020. https://www.merriam-webster.com/dictionary/boundary.

[36] Wikipedia Contributors. "Codependency." Wikipedia, Wikimedia Foundation, 12 July. 2020. https://en.wikipedia.org/wiki/Codependency.

[37] Gooden, Beverly. http://www.beverlygooden.com/whyistayed.

[38] Bancroft, Lundy. *When Dad Hurts Mom: Helping Your Children Heal the Wounds of Witnessing Abuse.* Berkley. 1 March. 2005. Pg. 161

[39] Stines, Sharie. "10 Steps to Recovering from a Toxic Trauma Bond." 10 Jan. 2017. https://www.goodtherapy.org/blog/10-steps-to-recovering-from-toxic-trauma-bond-0110175.

[40] Rainy, Russ. "Codependency: What is it?". Focus on the Family website. July 17, 2019. https://www.focusonthefamily.com/get-help/codependency-what-is-it/

[41] Rainy, Russ. "Codependency: What is it?". Focus on the Family website. July 17, 2019. https://www.focusonthefamily.com/get-help/codependency-what-is-it/

[42] Smith, Terran. "Children and the Domestic Violence Wheel."

Lección 7

[43] "Captive." Vine's Expository Dictionary. 1989. p. 167,168.

[44] VanDruff, Dean. "The Armor of God." http://www.acts17-11.com/armor.html.

[45] Hurnard, Hannah. *Hind's Feet in High Places.* Christian Literature Crusade. 1955.

[46] Wong, Hosanna. "I Have A New Name." *YouTube.* 30 April. 2017. https://www.youtube.com/watch?v=0SmoCwrqqkE.

[47] McGee, Robert. *Search for Significance.* Thomas Nelson. 1984. p. 61

[48] Looking Unto Jesus. "20 Cans of Success in Christ." http://www.lookinguntojesus.info/BSTopics/Topics/20CansofSuccess.pdf

[49] Wilmer, Jo. "I Am Not Perfect." https://www.mwordsandthechristianwoman.com/thoughts.html.

Lección 8

[50] Tracy, Steven. *Mending the Soul.* Zondervan. 2005. p. 74

[51] "Release." Webster's Dictionary. 1913. https://www.webster-dictionary.org/definition/release.

[52] Vernick, Leslie. "Segment 1 of The Emotionally Destructive Relationship (Seeing it)." 2010. https://www.facebook.com/video.php?v=408039838616&set=vb.391916477024&type=2&theater.

[53] Caine, Christine. *Unashamed Study Guide.* Zondervan. 2016. p. 17.

[54] Fleming, Patrick. *Shattered Soul? Five Pathways to Heal the Spirit After Abuse and Trauma.* Wordstream Publishing, LLC. 14 Sept. 2011. p. 56, 57

[55] Tracy, Steven. *Mending the Soul.* Zondervan. 2005. p. 81, 82.

[56] Allender, Dan. *The Wounded Heart: Hope for Adult Victims of Childhood Sexual Abuse.* NavPress. 1 May. 1992.

[57] Caine, Christine. *Unashamed Study Guide.* Zondervan. 2016. p. 24.

[58] Smedes, Lewis. "Shame and Grace: Healing the Shame We Don't Deserve." https://www.spiritualityandpractice.com/books/excerpts.php?id=14076.

[59] Caine, Christine. *Unashamed Study Guide.* Zondervan. 2016. p. 41.

[60] Freedom in Christ curriculum. "Where Did I Come From." Discipleship Course. p. 61. https://www.ficm.org.uk/sites/default/files/downloads/discipleshipcourse/leaderssession1.pdf

[61] "Hebrews 12:2." Bible Hub. http://biblehub.com/lexicon/hebrews/12-2.htm.

[62] Smedes, Lewis. "Shame and Grace: Healing the Shame We Don't Deserve." https://www.spiritualityandpractice.com/books/excerpts.php?id=14076.

[63] Belka, Deborah Ann. "Rise Up." 2019. *Christian Poetry.* https://poetrybydeborahann.wordpress.com/2019/08/08/rise-up/

Lección 9

[64] "Boundary." Merriam-Webster.com. 2020. https://www.merriam-webster.com/dictionary/boundary.

[65] Cloud, Henry and John Townsend. *Boundaries: When to Say Yes, How to Say No to Take Control of Your Life.* Zondervan. 20 Oct. 1992. p. 53.

[66] Ibid. p. 39.

[67] Jantz, Gregory and Ann McMurray. *Healing the Scars of Emotional Abuse.* Fleming H. Revell Company. 1 Oct. 2003. p. 12, 151.

[68] Cloud, Henry. *Change that Heal.* Zondervan. 24 Dec. 1996. p. 161, 168, 172, 173.

[69] Brown, Brene. "The Power of Vulnerability." *TED: Ideas Worth Spreading.* June 2010. http://www.ted.com/talks/brene_brown_on_vulnerability?language=en.

[70] Bottke, Allison. *Setting Boundaries for Women: Six Steps to Saying No, Taking Control, and Finding Peace.* Harvest House Publishers. 1 Aug. 2013. Pg. 22.

[71] Rahberg, Samuel. "Reader's Poem: Boundaries." 15 Aug. 2016. https://www.samuelrahberg.com/readers-poem-boundaries/

Lección 10

[72] Hutyra, Hannah. "123 of the Most Powerful Martin Luther King Jr. Quotes Ever." https://www.keepinspiring.me/martin-luther-king-jr-quotes/.

[73] Cloud, Henry and John Townsend. *Boundaries: When to Say Yes, How to Say No to Take Control of Your Life.* Zondervan. 20 Oct. 1992. p. 164.

[74] Forward, Susan and Joan Torres. *Men Who Hate Women and the Women Who Love Them: When Hurts and You Don't Know Why.* Bantam. 2 Jan. 2002. p. 215.

Apéndice B

Preparando un Plan de Seguridad-

[75] National Center for Victims of Crime. https://victimsofcrime.org/. (This safety plan is no longer available at this website.)

Estudio Bíblico Oasis

Píde los Libros Dos y Tres del Estudio Bíblico Oasis
en www.livingwatersofhope.org/store

Tabla de Contenido

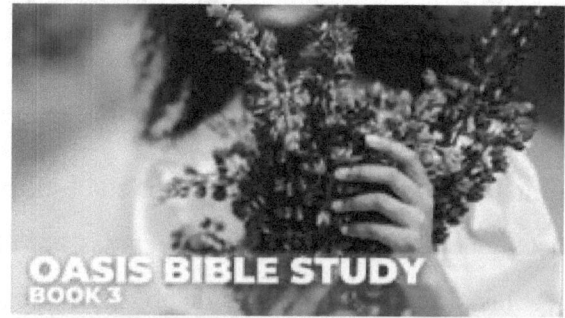

Scan with your phone for the Living Waters of Hope website with more resources and opportunities

Los libros del **Estudio Bíblico Oasis** los puedes pedir en Living Waters of Hope a través de su enlace de Amazon: https://www.livingwatersofhope.org/store

Acerca de la Autora

Como respuesta a muchas oraciones, este *Estudio Bíblico Oasis – Libro Uno* es un recurso Cristocéntrico para mujeres de fe alrededor del mundo que han sido maltratadas de manera emocional, psicológica, verbal, espiritual y algunas veces físicamente por sus esposos. La autora Diane Schnickels es la Fundadora y Directora Ejecutiva de Living Waters of Hope, un ministerio 501c3 que ayuda a mujeres afectadas por la violencia doméstica, así como equipar a la comunidad de fe para que sepan qué hacer ante esta crisis.

Con gran compasión y entendimiento, ella escribe de sus quince años de experiencia escuchando las voces y corazones de mujeres afectadas por el abuso doméstico. Diane invita a mujeres vulnerables, atrapadas en ciclos de abuso, a que abran la Palabra de Dios para encontrar la esperanza y sanidad que solo Jesús puede ofrecer. Diane es una Abogada Certificada en Abuso Doméstico, Consejera Cristiana Certificada y miembro de la Asociación Cascade Christian Writers. Ella dirige seminarios para líderes en la fe y ha sido invitada como conferencista en numerosos eventos y grupos de mujeres.

Diane ha escrito y dirigido muchos estudios bíblicos para mujeres a través de los años, pero este estudio en específico significa mucho para ella, ya que fue a raíz de que una mujer muy cercana a ella viviera una relación con un hombre muy abusivo. Ella comenzó a escribir y dirigir este estudio en el 2013.

Ha estado felizmente casada por 43 años con su esposo y mejor amigo, Ray. Juntos sirvieron en el ministerio por muchos años antes de que Diane comenzara su trabajo en el área de violencia doméstica. Él se graduó del Seminario Teológico de Dallas con una maestría en Estudios Bíblicos en 1986. Juntos tienen cuatro hijos adultos y cuatro nietos. Ellos disfrutan de acampar al noroeste del Pacífico y tomar largas caminatas en la playa.

Ya sea que prefieras leer este estudio por tu cuenta o en grupo, a Diane le encantaría saber cómo Dios ha usado el *Estudio Bíblico Oasis- Libro Uno – Restaurando la Esperanza y Dignidad* en tu vida. Puedes enviarle tus comentarios a diane@livingwatersofhope.org.

Traducido by Selina Viesca

Selina es una traductora bilingüe originaria de la región Noreste de México, con más de 20 años de experiencia. Su trayectoria comenzó siendo una adolescente, traduciendo manuales operativos en el negocio de su padre y atendiendo llamadas de clientes americanos. Su pasión por los idiomas se enriqueció en el año 2000 cuando vivió en Estados Unidos durante un año como estudiante de intercambio, y logró sumergirse en el idioma y la cultura local. Sus habilidades lingüísticas se ampliaron aún más en el 2004, cuando viajó a Lille, Francia para estudiar francés y Negocios Internacionales.

El enfoque principal de Selina es la traducción de materiales escritos por autores cristianos, iglesias y organizaciones de liderazgo. Además, ha participado como líder en diversos estudios bíblicos para mujeres y niños. El haber traducido el Estudio Bíblico Oasis ha sido especialmente gratificante para Selina, ya que enfrenta los desafíos que muchas mujeres latinas viven al ser víctimas del abuso doméstico. La falta de recursos cristianos y estudios bíblicos en países de habla hispana hace aún más difícil el acceso para recibir ayuda y consejo.

Selina tiene la certeza de que el Estudio Bíblico Oasis será de gran impacto, y traerá esperanza y sanidad a víctimas y sobrevivientes del abuso doméstico, no solo en comunidades latinas en Estados Unidos si no en toda Latinoamérica.

Actualmente, Selina combina su profesión como traductora con su rol de mamá de tres hijos. En su tiempo libre disfruta pasar tiempo en la naturaleza, ver películas con su familia y hornear sus postres favoritos.

Made in United States
Troutdale, OR
02/02/2025